Man kann sein Unglück auch versäumen

Eugen Roth für alle Lebenslagen

Zusammengestellt
von Katharina von Savigny

Carl Hanser Verlag

1 2 3 4 5 16 15 14 13 12

ISBN 978-3-446-24058-2

Satz: Satz für Satz. Barbara Reischmann, Leutkirch
Druck und Bindung: Friedrich Pustet, Regensburg
Printed in Germany

FSC
www.fsc.org
MIX
Papier aus verantwortungsvollen Quellen
FSC® C014889

Inhalt

Auch du *bist – das bedenke heiter –*
Ein andrer andern, und nichts weiter.

Der Mensch als Mitmensch

Mitmenschen

Ein Mensch schaut in der Straßenbahn
Der Reihe nach die Leute an:
Jäh ist er zum Verzicht bereit
Auf jede Art Unsterblichkeit.

Übelkeit

Du magst der Welt oft lange trotzen,
Dann spürst du doch: es ist zum – .
Doch auch wenn deine Seele bricht,
Beschmutze deinen Nächsten nicht!

Verwickelte Geschichte

Ein Mensch wähnt manchmal ohne Grund,
Der andre sei ein Schweinehund,
Und hält für seinen Lebensrest
An dieser falschen Meinung fest.
Wogegen, gleichfalls unbegründet,
Er einen Dritten reizend findet.
Und da kein Gegenteil erwiesen,
Zeitlebens ehrt und liebt er diesen.
Derselbe Mensch wird seinerseits –
Und das erst gibt der Sache Reiz –
Durch eines blinden Zufalls Walten
Für einen Schweinehund gehalten,
Wie immer er auch darauf zielte,
Daß man ihn nicht für einen hielte.
Und einzig jener auf der Welt,
Den selber er für einen hält,
Hält ihn hinwiederum für keinen.
Moral: Das Ganze ist zum Weinen.

Ahnungslos

Ein Mensch hört staunend und empört,
Daß er, als Unmensch, alle stört:
Er nämlich bildet selbst sich ein,
Der angenehmste Mensch zu sein.
Ein Beispiel macht Euch solches klar:
Der Schnarcher selbst schläft wunderbar.

Zwischenträgereien

Ein Mensch, in seiner ersten Wut,
Tut, was sonst nur ein Unmensch tut:
Er läßt sich, bös auf einen zweiten,
Zu übler Schimpferei verleiten –
Was dieser zweite erst erfährt,
Als längst der alte Streit verjährt.
Der zweite, jetzt mit Wut geimpft,
Gewaltig auf den Menschen schimpft,
Was diesem, trotz Verschweigens-Bitte,
Brühwarm berichtet nun der dritte.
Jetzt bricht der Mensch, kein Zorn-Verberger,
Jäh mit dem zweiten, voller Ärger,
Und der mit dem, der nicht gezaudert
Und das Geschimpfe ausgeplaudert.
Der dritte grollt natürlich beiden:
Drei können nie sich wieder leiden.
Ein vierter, brav, als Brückenschläger,
Wird abgetan als Zwischenträger,
Ein fünfter, allen vier gewogen,
Wird in den Streit hineingezogen
Und auch dem sechsten, siebten, achten
Mißglückt's, zu einen die Verkrachten.
Ein alter Freundeskreis zerfällt,
Wenn *einer* nur sein Maul nicht hält.

Der Bumerang

Ein Mensch hört irgendwas, gerüchtig,
Schnell schwatzt er's weiter, neuerungssüchtig,
So daß, was unverbürgt er weiß,
Zieht einen immer größern Kreis.
Zum Schluß kommt's auch zu ihm zurück. –
Jetzt strahlt der Mensch vor lauter Glück:
Vergessend, daß er's selbst getätigt,
Sieht froh er sein Gerücht bestätigt.

Das Ferngespräch

Ein Mensch spricht fern, geraume Zeit,
Mit ausgesuchter Höflichkeit,
Legt endlich dann, mit vielen süßen
Empfehlungen und besten Grüßen
Den Hörer wieder auf die Gabel –
Doch tut er nochmal auf den Schnabel
(Nach all dem freundlichen Gestammel),
Um dumpf zu murmeln: Blöder Hammel!
Der drüben öffnet auch den Mund
Zu der Bemerkung: Falscher Hund!
So einfach wird oft auf der Welt
Die Wahrheit wieder hergestellt.

Die guten Bekannten

Ein Mensch begegnet einem zweiten.
Sie wechseln Förm- und Herzlichkeiten,
Sie zeigen Wiedersehensglück
Und gehn zusammen gar ein Stück.
Und während sie die Stadt durchwandern,
Sucht einer heimlich von dem andern
Mit ungeheurer Hinterlist
Herauszubringen, wer er ist.
Daß sie sich kennen, das steht fest,
Doch äußerst dunkel bleibt der Rest.
Das Wo und Wann, das Wie und Wer,
Das wissen alle zwei nicht mehr.
Doch sind sie, als sie nun sich trennen,
Zu feig, die Wahrheit zu bekennen.
Sie freun sich, daß sie sich getroffen;
Jedoch im Herzen beide hoffen,
Indes sie ihren Abschied segnen,
Einander nie mehr zu begegnen.

Einladungen

Ein Mensch in Wurmesqual sich windet,
Weil er, wie seine Gattin findet,
Die Schnacks – welch widriger Entschluß! –
Zum Sonntagsbraten bitten muß:
»Du weißt, seit fast zwei Jahren schon …«
Wild geht der Mensch ans Telefon –
Doch horcht!, wie jäh die Stimm er modelt
Und hocherfreut Frau Schnack bejodelt.
Auch diese, innerlich entgeistert,
Die Schrecksekunde kunstvoll meistert:
Ganz reizend! Nur, um zuzusagen,
Müßt sie doch ihren Mann erst fragen.
Herr Schnack, nach wilden Wutergüssen,
Knurrt: Nichts zu machen, Frau, wir müssen.
Frau Schnack spricht also wieder fern:
»Natürlich – wirklich rasend gern!«
Zwei Paare schätzen nun die Posten
Der mit dem Scherz verbundnen Kosten:
Hier sind's das Essen und der Wein,
Doch auch die andern sind nicht klein:
Die Blumen, Taxi hin und her,
Trinkgeld, Friseuse und noch mehr –
Nur zu dem Zwecke, daß man lügt
Und der Gesellschaftspflicht genügt.
Doch man versichert sich beim Gehn:
»Man sollte sich viel öfter sehn!«

Richtig und falsch

Ein Mensch trifft einen in der Stadt,
Der, ihn zu treffen, Freude hat
Und ihm zum Gruße unbekümmert
Die linke Schulter halb zertrümmert.
»Na, herrlich!« ruft er, »alter Knabe,
Gut, daß ich dich getroffen habe.
Ich wette, du läßt dich nicht lumpen,
Mir eine Kleinigkeit zu pumpen,
Fünf Mark bis morgen oder zehn.
Recht vielen Dank, auf Wiedersehn!«
Der Mensch ist noch im ungewissen,
Wieso man ihm zehn Mark entrissen,
Als schon ein zweiter ihm begegnet,
Der diesen Zufall grad so segnet.
Mit Seufzen hebt er an die Klage
Von der zur Zeit sehr schlimmen Lage,
Und zwar a) von der allgemeinen,
b) insbesondere von der seinen.
Der Mensch, indes der andere stammelt,
Sich still die Abwehrkräfte sammelt
Zur Rede, welche mild gedämpft
Des andern Absicht niederkämpft.
Moral: Von Wert ist nur der rasche
Zugriff auf deines Nächsten Tasche.

Unerwünschter Besuch

Ein Mensch, der sich zu Hause still
Was Wunderschönes dichten will,
Sucht grad auf Lenz sich einen Reim,
Als in das sonst so traute Heim
Ein Mann tritt, welchen er zu treten
In keiner Weise hat gebeten.
»Ich seh«, sagt dieser, »daß ich störe.
Sie schreiben grade – nun, ich schwöre,
Sie gar nicht lange aufzuhalten,
Ich weiß, man will ein Werk gestalten,
Ist just an einer schweren Stelle –
Da tritt ein Fremdling auf die Schwelle.
Ich komm nicht, Sie zu unterbrechen,
Ich will nur knapp zwei Worte sprechen.
Nur keine Bange – fünf Minuten,
Ich denk nicht, Ihnen zuzumuten,
Mir mehr zu opfern. Zeit ist Geld,
Und Geld ist rar heut auf der Welt.«
Der Mann noch weiterhin bekräftigt,
Er wisse, wie der Mensch beschäftigt,
Und sei darum von ganzer Seele
Bedacht, daß er nicht Zeit ihm stehle.
Der Mensch wird, etwa nach drei Stunden,
Zerschwätzt an seinem Tisch gefunden.

Überforderung

Ein Mensch bemerkt mit stillem Grollen:
Selbst Leute, die sein Bestes wollen –
Mißt er es nur mit strengem Maß –
Sie wollen was, sie wollen was!

Mäden agan

Ein Mensch, nicht mit Gefühlen geizend,
Scheint auf den ersten Blick uns reizend.
Bald aber geht es uns zu weit:
Er überströmt von Herzlichkeit
Und strömt und strömt so ungehemmt,
Daß er die Menschen von sich schwemmt.
Und jeder flieht, sieht er den Guten
Von weitem nur vorüberfluten.

Der Fehlschuß

Ein Mensch, beim Wein, wird stumm und stummer.
Der Freund bemerkt, der Mensch hat Kummer.
Bemüht, ihm diesen zu entlocken,
Bleibt still der Freund am Anstand hocken:
Das trauerträumrische Wehweh
Tritt aus dem Walde wie ein Reh.
Der Freund, der oft genug aufs Blatt
Mit scharfem Witz getroffen hat,
Schießt auf den scheuen Seelenschmerz
Und trifft ihn – aber nicht ins Herz.
Der Mensch – der Seelenschmerz – das Reh –
Wie sag ich's, daß man's recht versteh? –
Hat gramvoll, blutend sich gewendet
Und ist im Dickicht still verendet.

Briefe, die ihn nicht erreichten …

Ein Mensch denkt oft mit stiller Liebe
An Briefe, die er gerne schriebe.
Zum Beispiel: »Herr! Sofern Sie glauben,
Sie dürften alles sich erlauben,
So teil ich Ihnen hierdurch mit,
Daß der bewußte Eselstritt
Vollständig an mir abgeprallt –
Das weitere sagt mein Rechtsanwalt!
Und wissen Sie, was Sie mich können? …«
Wie herzlich wir dem Menschen gönnen,
An dem, was nie wir schreiben dürfen,
Herumzubasteln in Entwürfen.
Es macht den Zornigen sanft und kühl
Und schärft das deutsche Sprachgefühl.

Reiztherapie

Gereizte Menschen gnug ich find.
Doch wo sind die, die reizend sind?

Zweierlei

Ein Mensch – man sieht, er ärgert sich –
Schreit wild: Das ist ja lächerlich!
Der andre, gar nicht aufgebracht,
Zieht draus die Folgerung und – lacht.

Vergebliche Einsicht

Ein Mensch, der hinnahm Streich um Streich,
Sprach zu sich selbst: »Ich bin zu weich!
Ab heut entfalt ich Kraft und Witz:
Ich werde hart, ich werde spitz!«
Doch mußt er an sich selbst verzagen:
Schon war er wieder breitgeschlagen!

Alter Trick

Ein Mensch braucht alle Seelenkraft,
Daß er sein Mensch-Sein selber schafft.
Ein Unmensch kennt den Trick, den kleinen:
Auf andrer Kosten Mensch zu scheinen.

Der leise Nachbar

Ein Mensch für seinen Nachbarn schwärmt,
Der, während rings die Welt sonst lärmt
Und keines Menschen Nerven schont,
Sein Zimmer mäuschenstill bewohnt.
Er hat – wie ist der Mensch drum froh! –
Nicht Wecker und nicht Radio.
Nichts hört man, kein Besuchsgeplapper,
Kein Trippeltrappeln, kein Geklapper
Von Eßgerät und Schreibmaschinchen:
Der Mann ist leis wie ein Kaninchen.
Der Mensch jetzt angestrengt schon lauscht,
Ob gar nichts raschelt oder rauscht,
Er wünscht, bald schlaflos von der Folter,
Sich nur ein Niesen, ein Gepolter –
Zum Beispiel ausgezogner Schuhe –
Vergeblich – rings herrscht Grabesruhe.
Ermangelnd jeglicher Geräusche
Fragt sich der Mensch, ob er sich täusche
Und jener Mann, – den er doch kennt! –
Vielleicht nicht leiblich existent?
Schon zieht der Wahnsinn wirre Kreise
Doch bleibt der Nachbar leise, leise…

Kontaktarmut

Daß er an Spannung nichts verliert,
Lebt heute jeder isoliert.

Bäder

Wenn sie als Kind zu heiß uns baden,
So merkt man später wohl den Schaden.
Doch kann man auch mit kalten Duschen
Uns unsre Jugend arg verpfuschen.

Jugend

Die Jugend neigt in schlimmen Zeiten
Oft stark zu Pubertätlichkeiten.

Weltlauf

Ein Mensch, erst zwanzig Jahre alt,
Beurteilt Greise ziemlich kalt
Und hält sie für verkalkte Deppen,
Die zwecklos sich durchs Dasein schleppen.
Der Mensch, der junge, wird nicht jünger:
Nun, was wuchs denn auf *seinem* Dünger?
Auch er sieht, daß trotz Sturm und Drang,
Was er erstrebt, zumeist mißlang,
Daß auf der Welt als Mensch und Christ
Zu leben, nicht ganz einfach ist,
Hingegen leicht, an Herrn mit Titeln
Und Würden schnöd herumzukritteln.
Der Mensch, nunmehr bedeutend älter,
Beurteilt jetzt die Jugend kälter,
Vergessend frühres Sich-Erdreisten:
»Die Rotzer sollen erst was leisten!«
Die neue Jugend wiedrum hält …
Genug – das ist der Lauf der Welt!

»Lies nicht, wenn ich rede!« –
Fast täglich die Fehde:

Der Mann im Mensch – und die Folgen

Einsicht

Ein Mensch, ein liebesselig-süßer,
Erfährt, daß er nur Lückenbüßer
Und die Geliebte ihn nur nahm,
Weil sie den andern nicht bekam.
Trotzdem läßt er sich's nicht verdrießen,
Das Weib von Herzen zu genießen.
Es nehmen, die auf Erden wandern,
Ja alle einen für den andern.

Das beste Alter

Das beste Alter für den Mann:
Wo er schon weiß, wo er noch kann!

Das Wichtigste

Ein Mensch, der ohne viel zu schelten,
Läßt auch die fremde Meinung gelten,
Von Politik und Weltanschauung
Ganz friedlich spricht und voll Erbauung,
Der, ohne Angst um seine Ehre,
Einsteckt selbst manche derbe Lehre,
Kurz, einer, der nichts übel nimmt,
Ist plötzlich fürchterlich ergrimmt,
Legt man ihm dar dafür die Gründe,
Daß er vom Skatspiel nichts verstünde,
Daß er ein Stümper sei im Kegeln,
Im Schach beherrsche kaum die Regeln!
Es packt ihn tief im Ehrgefühle,
Besiegt ihn jemand auf der Mühle.
Wenn er als Schütz nichts Rechtes traf,
Raubt ihm das stundenlang den Schlaf.
Und was ihn völlig niederschlägt:
Der Vorwurf, daß er nichts verträgt …
Kurzum, es ist das Kind im Mann,
Das man am ehsten kränken kann.

Vergebliche Mühe

Dem Kinde, wie's auch heult und stöhnt,
Wird wohl die Flasche abgewöhnt.
Jedoch das ewige Kind im Mann
Gewöhnt sie sich dann wieder an.

Ungleicher Kampf

Ein Mensch von innerem Gewicht
Liebt eine Frau. Doch sie ihn nicht.
Doch daß sie ihn nicht ganz verlöre,
Tut sie, als ob sie ihn erhöre.
Der Mensch hofft deshalb unverdrossen,
Sie habe ihn ins Herz geschlossen,
Darin er, zwar noch unansehnlich,
Bald wachse, einer Perle ähnlich.
Doch sieh, da kommt schon einszweidrei
Ein eitler junger Fant herbei,
Erlaubt sich einen kleinen Scherz,
Gewinnt im Fluge Hand und Herz.
Ein Mensch, selbst als gereifte Perle,
Ist machtlos gegen solche Kerle.

Herzklappe

Oft klappen Herzenssachen nicht,
Wobei das Herz meist nicht gleich bricht.
Herzklappenfehler heilt man wohl
Im ersten Schmerz mit Alkohol.
Dreht sich's, wie meist, um Frauenzimmer,
Ist einer oft geheilt für immer.

Optische Täuschung

Ein Mensch sitzt stumm und liebeskrank
Mit einem Weib auf einer Bank;
Er nimmt die bittre Wahrheit hin,
Daß sie zwar liebe, doch nicht ihn.
Ein andrer Mensch geht still vorbei
Und denkt, wie glücklich sind die zwei,
Die – in der Dämmrung kann das täuschen –
Hier schwelgen süß in Liebesräuschen.
Der Mensch in seiner Not und Schmach
Schaut trüb dem andern Menschen nach
Und denkt, wie glücklich könnt ich sein,
Wär ich so unverliebt-allein.
Darin besteht ein Teil der Welt,
Daß andre man für glücklich hält.

Herzenswunden

Die Medizin hat längst gefunden:
Rein halten gilt's bei allen Wunden.
Gern sieht ein braver Mensch das ein
Und hält sein Herz drum möglichst rein.
Er hat dazu auch allen Grund:
Ein gutes Herz ist immer wund!

Ars amandi

Ein Mensch, der wüst ein Weib zertrümmert
Und sich nicht um die Scherben kümmert,
Ist zwar, als Mensch, oft minderwertig,
Doch schnell mit solchen Sachen fertig.
Und hat ein Herz er glatt gebrochen,
Dann heilt's auch, oft schon nach vier Wochen.
Ein andrer Mensch, der nicht so roh,
Macht es im Grunde ebenso,
Doch drängt's ihn seelisch, bei den Frauen,
Von Zeit zu Zeit noch nachzuschauen,
Wie großen Schaden sie gelitten.
Das Herz vermag er nicht zu kitten –
Nur dies erreicht der, ach, so Gute:
Daß immer frisch es wieder blute.
Der Mensch wirkt ärger, als ein frecher
Doch wohlgeübter Herzensbrecher.
Drum raten wir, daß er sich hüte
Vor Güte, die nur zweiter Güte.

Behandlung

Oft weiß zum Beispiel deine Frau
Bei Magenbluten ganz genau,
Was sie zu tun hat, was zu lassen,
Um richtig auf dich aufzupassen –
Um dir dann doch bei Seelenbluten
Das Wunderlichste zuzumuten.

Erfolgloser Liebhaber

Ein Mensch wollt sich ein Weib erringen,
Doch leider konnt's ihm nicht gelingen.
Er ließ sich drum, vor weitern Taten,
Von Fraun und Männern wohl beraten:
»Nur nicht gleich küssen, tätscheln, tappen!«
»Greif herzhaft zu, dann muß es schnappen!«
»Laß deine ernste Absicht spüren!«
»Sei leicht und wahllos im Verführen!«
»Der Seele Reichtum lege bloß!«
»Sei scheinbar kalt und rücksichtslos!«
Der Mensch hat alles durchgeprobt,
Hat hier sich ehrenhaft verlobt,
Hat dort sich süß herangeplaudert,
Hat zugegriffen und gezaudert,
Hat Furcht und Mitleid auferweckt,
Hat sich verschwiegen, sich entdeckt,
War zärtlich kühn, war reiner Tor,
Doch wie er's machte – er verlor.
Zwar stimmte jeder Rat genau,
Doch jeweils nicht für jede Frau.

Einbildung

Ein Mensch hält sich, wie viele Männer,
Für einen großen Frauenkenner:
Nicht wegen allzureicher Ernte –
Nein, weil er *keine* kennen lernte!

Variationen

Ein Mensch bei Weibern nichts erreicht. –
Ein zweiter meint: »... und ist so leicht!«
Der wiederum, so weiberstark,
Müht sich vergebens um zehn Mark.
Der Mensch, nicht in der Gunst der Weiber,
Verdient die leicht, als Zeitungsschreiber.
Nun kommt ein Fall, besonders bitter:
Ganz geld- und weiblos bleibt ein dritter.
Ein vierter prahlt mit üblen Siegen:
Mit Geld sind Weiber leicht zu kriegen.
Der fünfte ist der wahre Held:
Durch Weiber erst kommt er zu Geld!

Blumen

Ein Mensch, erkrankt schier auf den Tod
An Liebe, ward mit knapper Not
Gerettet noch von einer Mimin,
Die sich ihm hingab als Intimin.
Noch wild erfüllt von Jubelbraus
Geht er in tiefer Nacht nach Haus;
Er dampft vor Dankbarkeit und Wonne,
Ein jeder Stern wird ihm zur Sonne:
Ha! Morgen stellt er um den Engel
Gleich hundert Orchideenstengel …
Er wird, und sollt's ihn auch zerrütten,
Das Weib mit Rosen überschütten …
Nicht Rosen, nein, die schnell verwelken –
Er bringt ihr einen Büschel Nelken …
Sollt man nicht jetzt, im Winter, nehmen
Vier, drei, zwei schöne Chrysanthemen?
Wie wär es, denkt er hingerissen,
Mit Tulpen oder mit Narzissen?
Entzückend ist ein Primelstöckchen;
Süß sind des Lenzes erste Glöckchen.
Doch damit, ach, ist sein Gemüt
Denn auch so ziemlich abgeblüht.
Er sinkt ins Bett und träumt noch innig:
Ein Veilchenstrauß, das wäre sinnig …

Versäumter Augenblick

Ein Mensch, der beinah mit Gewalt
Auf ein sehr hübsches Mädchen prallt,
Ist ganz verwirrt; er stottert, stutzt
Und läßt den Glücksfall ungenutzt.
Was frommt der Geist, der aufgespart,
Löst ihn nicht Geistesgegenwart?
Der Mensch übt nachts sich noch im Bette,
Wie strahlend er gelächelt hätte.

Nach Jahr und Tag

Ein Mensch begegnet, nach Jahrzehnten,
Dem Weib, dem brünstig einst ersehnten,
Und, angesichts der Fleischesmassen,
Kann er es einfach nicht mehr fassen,
Daß so die Knospe aufgeblüht,
Die einst beunruhigt sein Gemüt,
Doch sieh! Die damals, ach, so kühle,
Schwimmt, schwelgt und schwärmt im Hochgefühle
Von süßen, unvergeßnen Stunden –
Die seinerzeit nicht stattgefunden.

Entwicklungskrankheiten

Die Frau, solang sie unvermählt,
Tut, was ihr gut steht – auch wenn's quält.
Sie drängt das überflüssige Fett
Ganz unbarmherzig ins Korsett.
Halbblind, trägt sie doch niemals Brillen,
Ihr Bildungsdurst ist nicht zu stillen.
Sie zeigt sich sportlich oder fraulich
Just, wie's dem Männchen scheint erbaulich.
Im Haushalt ist sie riesig tüchtig
Und sie ist gar nicht eifersüchtig.
Sie schwärmt dem Mann vor, wie sie künftig
Recht lieb sein wolle und vernünftig.
Jedoch, kaum ist vermählt sie glücklich,
Zeigt sie sich plötzlich rückentwicklich
Und ist, nach einem halben Jahr,
Schon wieder, wie sie immer war:
Halbblind, sieht sie bebrillt jetzt scharf,
Was *sie* will und was *er* nicht darf.
Von Bildung fällt nicht mehr ein Wort,
Dahin sind Tüchtigkeit und Sport.
Die Träne quillt, es schwillt das Fett:
Sie ist in keinster Weise nett.
Rezept: Der Jüngling darauf sehe,
Daß er erfahre *vor* der Ehe,
Was *in* der Ehe sie verrät
Zwar früh genug – und doch zu spät.

Fußleiden

Auf Freiersfüßen langsam gehe,
Denn auf dem Fuße folgt die Ehe.

O tempora

Ein Mensch, der eine Freundin hatte,
Ist jetzt, seit Jahren schon, ihr Gatte.
Er hat's mit diesem Weibe schwer:
Es redet nämlich dumm daher.
Er meint, es werde täglich schlimmer –
Doch nein – so dämlich war sie immer.
Es liegt nur an der Jugend Schwund:
Süß klang Geschwätz aus süßem Mund.

Schein-Heilung

Wenn einer, der seit manchem Jahr
Ans (Ehe-)Bett gefesselt war,
Nun kurz entschlossen sich erhebt,
Ge- und entschieden weiter lebt
Und prahlt, er sei jetzt ein Gesunder,
Nimmt leicht die Welt das für ein Wunder.
Nicht jeder – was zu fürchten bleibt –
Hat sich ermannt, der sich entweibt.

Entomologisches

Ein Mensch, als Ehemann sonst bräver,
Geriet an einen netten Käfer,
Mit dem er sich, moralgekräftigt,
Aus reinem Wissensdrang beschäftigt.
Er glaubt denn auch, er hätt entdeckt,
Ein neues, reizendes Insekt.
Doch leider war's nur eine Wanze,
Die beutegierig ging aufs Ganze.
Der Mensch bezahlte nun sein Wissen
Noch lange mit Gewissensbissen.

Nächtliches Erlebnis

Ein Mensch, der nachts schon ziemlich spät
An ein verworfnes Weib gerät,
Das schmelzend Bubi zu ihm sagt
Und ihn mit wilden Wünschen plagt,
Fühlt zwar als Mann sich süß belästigt,
Jedoch im Grund bleibt er gefestigt
Und läßt, bedenkend die Gebühren,
Zur Ungebühr sich nicht verführen.
Doch zugleich sparsam und voll Feuer
Bucht er das dann als Abenteuer.

Trauriger Fall

Ein Mensch, der manches liebe Jahr
Mit seinem Weib zufrieden war,
Dann aber plötzlich Blut geleckt hat,
Denkt sich: »Varietas delectat – «
Und schürt sein letztes, schwaches Feuer
Zu einem wilden Abenteuer.
Jedoch bemerkt er mit Erbosen,
Daß seine alten Unterhosen
Ausschließlich ehelichen Augen
Zur Ansicht, vielmehr Nachsicht, taugen,
Und daß gewiß auch seine Hemden
Ein fremdes Weib noch mehr befremden,
Daß, kurz, in Hose, Hemd und Socken
Er Welt und Halbwelt nicht kann locken.
Der Mensch, der innerlich noch fesche,
Nimmt drum, mit Rücksicht auf die Wäsche,
Endgültig Abschied von der Jugend
Und macht aus Not sich eine Tugend.

Letztes Mittel

Der, dem die Zeugungskraft erschlafft,
Versucht's mit Überzeugungskraft.

Die Arbeit macht uns kein Vergnügen,
Wenn wir nur fremden Acker pflügen.

Der Mensch im Arbeits- und Freizeitstreß

Entscheidungen

Ein Mensch, der für den Fall, er müßte,
Sich – meint er – nicht zu helfen wüßte,
Trifft doch den richtigen Entschluß
Aus tapferm Herzen: denn er muß!
Das Bild der Welt bleibt immer schief,
Betrachtet aus dem Konjunktiv.

Freizeitgestaltung

Die Freiheit – da ist keine Not:
Wohin man schaut, schlägt sie wer tot.
Doch, wie die Freizeit totzuschlagen,
Muß man den Leuten eigens sagen.

Verhinderter Dichter

Ein Mensch, zur Arbeit wild entschlossen,
Ist durch den Umstand sehr verdrossen,
Daß ihm die Sonne seine Pflicht
Und Lust zum Fleißigsein zersticht.
Er sitzt und schwitzt und stöhnt und jammert,
Weil sich die Hitze an ihn klammert.
Von seinem Wunsch herbeigemolken,
Erscheinen alsbald dunkle Wolken,
Der Regen rauscht, die Traufen rinnen.
Jetzt, denkt der Mensch, kann ich beginnen!
Doch bleibt er tatenlos und sitzt,
Horcht, wie es donnert, schaut, wie's blitzt,
Und wartet, dumpf und hirnvernagelt,
Ob's nicht am Ende gar noch hagelt.
Doch rasch zerfällt das Wettertoben –
Der Mensch sitzt wieder: Siehe oben!

Gegenprobe

Der raschen Hoffnung traue nicht,
Meinst du, daß alles dafür spricht.
Noch scheint die Vorsicht angezeigt,
Zu prüfen, was dagegen schweigt.

Der Termin

Ein Mensch, der sich, weil's weit noch hin,
Festlegen ließ auf den Termin,
Sieht jetzt, indes die Wochen schmelzen,
Die schwere Last sich näher wälzen.
Er sucht nach Gründen, abzusagen,
Er träumt, noch in den letzten Tagen,
Wie einst als Schulbub, zu entwischen:
Ein schwerer Unfall käm dazwischen …
Umsonst – es bleibt ein leerer Wahn:
Der schicksalsvolle Tag bricht an! –
Und geht dann doch vorüber, gnädig.
Der Mensch ist froh, der Sorgen ledig.
Er schwört, er hab daraus gelernt –
Doch wie sich Tag um Tag entfernt,
Hat Angst und Qualen er vergessen –
Und läßt sich unversehens pressen
Zu noch viel scheußlicherm Termin –
Denn es ist weit und weit noch hin.

Warnung

Daß von der Welt Besitz er nehme,
Erfand der Teufel das Bequeme.

Trost

Ein Mensch, entschlußlos und verträumt,
Hat wiederholt sein Glück versäumt.
Doch ist der Trost ihm einzuräumen:
Man kann sein *Unglück* auch versäumen.

Prüfungen

Ein Mensch, gestellt auf harte Probe,
Besteht sie, und mit höchstem Lobe.
Doch sieh da: es versagt der gleiche,
Wird er gestellt auf eine weiche!

Das Sprungbrett

Ein Mensch, den es nach Ruhm gelüstet,
Besteigt, mit großem Mut gerüstet,
Ein Sprungbrett – und man denkt, er liefe
Nun vor und spränge in die Tiefe,
Mit Doppelsalto und dergleichen
Der Menge Beifall zu erreichen.
Doch läßt er, angestaunt von vielen,
Zuerst einmal die Muskeln spielen,
Um dann erhaben vorzutreten,
Als gält's, die Sonne anzubeten.
Ergriffen schweigt das Publikum –
Doch er dreht sich gelassen um
Und steigt, fast möcht man sagen, heiter
Und vollbefriedigt von der Leiter.
Denn, wenn auch scheinbar nur entschlossen,
Hat er doch sehr viel Ruhm genossen,
Genau genommen schon den meisten –
Was sollt er da erst noch was leisten?

Unverhoffter Erfolg

Ein Mensch, zum Wettlauf mitgestartet,
Hat Sieg und Ruhm sich kaum erwartet.
Was soll von sauerm Schweiß er triefen?
Genügt ihm doch ein »Ferner liefen …«
Schon hat er – und kann's selbst nicht fassen –
Die meisten hinter sich gelassen.
Nun strengt, am Ende fast der Bahn,
Verzweifelt er die Kräfte an:
Nur einer, aus dem Startgedränge,
Rennt ihm voraus, um Nasenlänge.
Vermutlich wär, noch als der letzt,
Der Mensch, der nichts auf sich gesetzt,
Gelassen blieben, neidlos heiter:
Jetzt weint er schier – er ward nur Zweiter!

Bescheidenheit

Ein Mensch möcht erste Geige spielen –
Jedoch das ist der Wunsch von vielen,
So daß sie gar nicht jedermann,
Selbst wenn er's könnte, spielen kann:
Auch Bratsche ist für den, der's kennt,
Ein wunderschönes Instrument.

Der Erfolgreiche

Ein Mensch – ein Unmensch mehr, vielleicht,
Hat wirklich allerhand erreicht.
Die Welt nimmt's hin und sie fragt nie,
Wie er es wohl erreicht hat, *wie*!?

Allzu eifrig

Ein Mensch sagt – und ist stolz darauf –
Er geh in seinen Pflichten auf.
Bald aber, nicht mehr ganz so munter,
Geht er in seinen Pflichten unter.

Manager

Beklagenswert, wer sich verschworen,
Er hab noch niemals Zeit verloren.
Bekenn er lieber, unumwunden:
Er hab noch niemals Zeit gefunden.

Manager

Ein Mensch wird alle Tage kränker:
Nur noch Betriebs- und Wagenlenker,
Lebt er dahin, teils seelenhastig,
Teils leibträg, ohne Heilgymnastik.
Was hat er Wichtigs zu erledigen!
Vergebens Frau und Freunde predigen,
Daß er auf die Gesundheit seh
Und, wenn schon nicht in Urlaub geh,
Ein bißchen laufe, schwimme, turne –
Zu spät: der Rest kommt in die Urne;
Der Schlag, just vor der Unterschrift
Des letzten Briefs, den Menschen trifft.
Die Sekretärin, noch hienieden,
Schreibt drunter: Nach Diktat verschieden.

Entwicklung

Ein Mensch, der beste Mensch der Welt,
Wird eines Tages angestellt
Und muß – er tut's zuerst nicht gern –
Laut bellen nun für seinen Herrn.
Bald wird er, wie es ihm geheißen,
Die Zähne zeigen, ja, gar beißen.
Er wird sein Amt – im Bild gesprochen –
Wild fletschend, wie der Hund den Knochen,
Den einer ihm mißgönnt, verteidigen –
Ein schiefer Blick kann ihn beleidigen.
Dann wird er milder: Zahn um Zahn
Wird stumpf und fängt zu wackeln an –
Bis schließlich er, als Pensionist,
Fast wieder Mensch geworden ist.

Verätzung

Gar häufig gibt es Schwerverletzte
Durch allzuscharfe Vorgesetzte.
Wir müssen ohne Wimperzucken
Die Lauge ihrer Launen schlucken.
Und das verätzt uns, auf die Dauer.
Rezept: Man reagiere sauer –
Doch nicht zu laut und nicht zu plötzlich,
Nein, nur ganz leise und er-götzlich.

Empfindlich

Ein Mensch möcht, wie heut alle Welt,
Verdienen möglichst leicht sein Geld.
Doch wird er wild, bezweifelt's wer,
Daß er's verdien besonders schwer.

Für Ungeübte

Ein Mensch, der voller Neid vernimmt,
Daß alle Welt im Gelde schwimmt,
Stürzt in den raschen Strom sich munter,
Doch siehe da: Schon geht er unter!
Es müssen – wie's auch andre treiben –
Nichtschwimmer auf dem Trocknen bleiben!

Verkehrte Welt

Ein Mensch auf Sauberkeit besteht,
Obwohl's ihm ziemlich dreckig geht.
Ein Unmensch zieht – oh Widersinn! –
Aus Schmutzgeschäften Reingewinn.

Hoffnung

Die einen jubeln: Wirtschaftswunder!
Die andern schrein: Schon glimmt der Zunder!
Doch jeder hofft, mit heilem Hintern
Auch diesmal noch zu überwintern.

Falsche Rechnung

Ein Mensch, in siebzig Arbeitsstunden,
Ja, selbst am Sonntag einst geschunden,
Hat diese Sklaverei gebrochen:
's gibt nur noch Vierzigstundenwochen!
Was einem recht, sei andern billig:
Schon ist kein Mensch mehr arbeitswillig.
Wer soll die Freizeit nicht genießen?
Dienststellen und Geschäfte schließen,
Die Post steht fast nicht mehr in Frage;
Gaststätten haben Ruhetage.
Der Bäcker kommt auf den Geschmack,
Daß er frühmorgens nicht mehr back',
Der Wächter selbst, der bisher brave,
Besteht drauf, daß des Nachts er schlafe;
Um zehn Uhr schließt das Kabarett:
Die Mädchen wollen auch ins Bett!
In einer Welt, so aufgeweicht,
Macht sich der Mensch das Leben leicht –
Bis er dann doch merkt, mehr und mehr:
Er macht sich nur das Leben schwer.

Fünftagewoche

Wie wär geblieben alles gut,
Hätt Gott am sechsten Tag geruht!
Er wär nur kommen bis zum Affen –
Der Mensch wär blieben unerschaffen!

Ärztliches Zeugnis

Der Arzt bezeugt, je nach Befund,
Daß du a) krank bist, b) gesund.
Ein klarer Fall, wenn ohne List
Du wirklich sein willst, was du bist.
Doch meistens suchst du nur den Schein.
Will dir der Arzt gefällig sein,
Stellt er – denn darauf läufts hinaus –
Sich selbst ein Armutszeugnis aus …

Parties

Ein Mensch war überall dabei,
Wo's galt, zu hörn den letzten Schrei.
Dem Klüngel er sich stets gesellte,
Der allerjüngste Kunst ausstellte,
Man sah zu jedem Geist-Verzapfen
Sogar durch Schnee und Eis ihn stapfen.
Es waren immer nur die Gleichen
Beim Pfötchen- und beim Brötchenreichen.
Doch plötzlich hat der Mensch entdeckt:
Er will ja gar nicht Schmus mit Sekt!
Er ließ sich nicht mehr überlisten,
Zu machen andern den Statisten,
Die nur bedürfen all der vielen,
Damit sie große Rollen spielen.
Der Mensch ist nun daheim geblieben –
Ein Jahr, dann war er abgeschrieben.
Er schmollt, er grollt, er ärgert sich:
Kein Mensch mehr kümmert sich um mich!

Lauter Bekannte

Ein Mensch, bei einem Stehempfang,
Schwätzt herzlich, viertelstundenlang,
Mit einem zweiten, den er kennte,
Wenn der nur seinen Namen nennte.
Ein dritter heimlich ihn beschleicht:
»Verzeihn Sie, wissen *Sie* vielleicht?«
Der Mensch kennt dunkel nur den dritten;
Ein vierter, fünfter, sechster bitten,
Zu sagen ihm, mit wem er spricht.
Doch kennt der Mensch auch diese nicht.
Ein siebenter mischt ohne Zaudern
Sich mit in das vertraute Plaudern,
Ein achter gleichfalls nun so tut,
Als kennt er all die Herren gut.
Ein neunter, der den Saal durchstreunt,
Begrüßt den Menschen: »Alter Freund!«
Dem zehnten flüstert zu der elfte,
Bekannt komm vor ihm kaum die Hälfte.
Nun ist ein Dutzend schon vereint,
In dem von jedem jeder meint,
Er könnt ihm, wer die andern wären,
Auf das genaueste erklären.
Doch, ohne daß sich wer entpuppe,
Zerstreut sich wiederum die Gruppe,
Sich neu zu ballen, neu zu trennen –
Und lauter Leute, die sich kennen!

Und das beruhigt ihn am ehsten:
Denn, wo's grad weh tut, tut's am wehsten!

Der Mensch als Patient

Erkenntnis

Zwei Dinge trüben sich beim Kranken:
a) der Urin, b) die Gedanken.

Die Hauptsache

Früh aufstehn tut's noch nicht im Leben –
Man muß auch seelisch sich erheben!

Zeit heilt

Zwei Grundrezepte kennt die Welt:
Zeit heilt und, zweitens, Zeit ist Geld.
Mit Zeit, zuvor in Geld verwandelt,
Ward mancher Fall schon gut behandelt.
Doch ist auch der nicht übel dran,
Der Geld in Zeit verwandeln kann
Und, nicht von Wirtschaftsnot bewegt,
Die Krankheit – und sich selber – pflegt.
Doch bringt's dem Leiden höchste Huld,
Verwandelst Zeit du in Geduld!

Zeit heilt

Wenn ihn nicht gleich der Tod ereilt,
Hat manchen schon die Zeit geheilt.
Den einen, der beim Scheiterspalten
Die große Zeh für Holz gehalten;
Den andern, den vor Zeit ein Schaf
Knie-scheibenschießend übel traf;
Den dritten, der sich schon wollt morden,
Weil nicht bekommen er den Orden;
Den vierten, der an einer stolzen
Wunschmaid in Tränen schier zerschmolzen;
Den fünften, der mit Schreck vernommen,
Daß ihm die Felle weggeschwommen;
Den sechsten, der voll Gram gewesen,
Weil keiner sein Gedicht gelesen. –
Lang, lang ist's her; es wird die Qual
Zum Märchen schon: es war einmal …
Und alle leben so ganz friedlich –
Nur ein klein bißchen invalidlich.

Es bleibt sich gleich

Ein Mensch, der schrecklich Zahnweh hat,
Gibt gern dem frommen Wunsche statt,
Es möchte seines Schmerzes Quelle
Verlagern sich an andre Stelle.
Er hält es nämlich für gewiß,
Nichts quäle so wie das Gebiß.
Gerührt von seinen bittren Tränen,
Entfährt der Teufel seinen Zähnen
Und rückt den freigewordnen Schmerz
Dem Wunsch entsprechend anderwärts.
Der Mensch, nunmehr mit Hämorrhoiden,
Ist ausgesprochen unzufrieden
Und sucht den Teufel zu bewegen,
Den Schmerz von neuem zu verlegen.
Daß man die gute Absicht sehe,
Schlüpft nun der Teufel in die Zehe.
Der Mensch, geschunden ungemindert,
Fühlt sich noch obendrein behindert,
Im Bette muß er liegen still
Und kann nicht hingehn, wo er will.
Jedoch nach den gehabten Proben
Läßt er den Schmerz geduldig toben –
Und das beruhigt ihn am ehsten:
Denn, wo's grad weh tut, tut's am wehsten!

Hausapotheke

Krank ist im Haus fast immer wer –
Mitunter muß der Doktor her.
Der Doktor geht dann wieder fort,
Die Medizinen bleiben dort
Und werden, daß den Arzt man spare,
Nun aufgehoben viele Jahre.
Unordnung ist ein böses Laster:
In einem Wust von Mull und Pflaster,
Von Thermometern, Watte, Binden
Liegt, oft nur schwer herauszufinden,
Inmitten all der Tüten, Röhren,
Die eigentlich nicht hergehören,
Das, wie wir hoffen, richtige Mittel
Mit leider höchst verzwicktem Titel:
Was von den … in und … an und … ol
Tät unserem Wehweh wohl wohl?
Nur Mut! Was etwa gegen Husten
Im vorigen Jahr wir nehmen mußten,
Wir schlucken's heut bei Druck im Bauch –
Und – welch ein Wunder! – da hilft's auch!
Wenn überhaupt nur was geschieht,
Daß uns der Schmerz nicht wehrlos sieht –
Er wird nicht alles sich erlauben,
Stößt er auf unsern festen Glauben!
Von dem bewahrt euch drum ein Restchen
In eurem Apothekerkästchen!

Aberglauben

Ein Mindestmaß an Aberglauben
Ist medizinisch zu erlauben
Und nicht ganz auszurotten, denn:
Wer *aber* glaubt, der glaubt auch *wenn*.

Billiger Rat

Zum Doktor du nicht gehen brauchst
Solange du noch trinkst und rauchst.
Wozu sich lang verschreiben lassen,
Was man doch selbst weiß: Bleiben lassen!

Ausweg

Wer krank ist, wird zur Not sich fassen,
Gilt's, dies und das zu unter*lassen*.
Doch meistens zeigt er sich immun,
Heißt es, dagegen was zu *tun*.
Er wählt den Weg sich, den bequemen,
Was *ein-* statt was zu *unter*nehmen!

Vorurteil

Auch Medizin kann uns nicht frommen,
Voreingenommen eingenommen.

Erhöhte Ansprüche

Der Arzt ist heut dazu verpflichtet,
Daß höchst modern er eingerichtet.
Einst hat genügt für solche Zaubrer
Ein weißer Mantel schon, ein saubrer,
Ein Stethoskop als Zauberstecken,
Und, nur um heilsam zu erschrecken,
Ein reinlich präparierter Tod,
Ein bißchen Watte, Mull und Jod,
Ein paar Rezept- und Zauberbücher –
Zufrieden waren die Besücher.
Doch heut braucht er zu seinen Taten
Ein Arsenal von Apparaten.
Auch wenn die Dinger gar nicht gehn –
Sie müssen in der Praxis stehn.

Ermunterung

Scheint auch dein Zustand aussichtslos,
Halt durch – und wär's für Tage bloß!
Nur Mut! Die Rettung ist schon nah –
Sie kommt bestimmt aus USA,
Wo, wie man liest, beinahe stündlich
Die Heilkunst umgewälzt wird, gründlich.
Und wäre auch dein Fall der schwerste,
Bist du vielleicht der allererste,
Den, durch die Luft herbeigeeilt,
Von drüben ein Professor heilt!

Wandlungen der Heilkunst

Es wechseln ärztliche Methoden
Beinah so wie die Damenmoden:
Klistieren, Schröpfen, Hygiene,
Schilddrüse, Blinddarm, Mandeln, Zähne –
Auf all das stürzt sich voller Kraft
Der Reihe nach die Wissenschaft.
Was gestern galt, das wird als Wahn
Gewiß schon heute abgetan.
Doch glücklich, wer, eh es zu spät,
Was morgen Mode wird, errät.
Nur ist vergeblich alle Müh,
Errät es einer – allzufrüh.

Neue Heilmethoden

Berühmt zu werden, liegt an dem:
Du mußt begründen ein System!
Such was Verrücktes und erkläre,
Daß alles Heil im Kuhmist wäre,
Dem, auf die Wunde warm gestrichen,
Noch jede Krankheit sei gewichen
Und den, nachweislich, die Azteken
Geführt in ihren Apotheken …
Hält man dich auch für einen Narren,
Du mußt nur eisern drauf beharren,
Dann fangen immer einige an,
Zu glauben, es sei doch was dran,
Und du gewinnst dir viele Jünger,
Die deine Losung: »Kraft durch Dünger!«
Streng wissenschaftlich unterbauen
Und weiterkünden, voll Vertrauen.

Luftkur

Den Kranken bringt mit gutem Grund
Man dorthin, wo die Luft gesund.
Doch schon sind allzuviele dort
Und es entsteht ein Luftkurort.
Die Luft, beansprucht allzusehr,
Erholt sich alsbald selbst nicht mehr.

Lehmkur

Die *Lehmkur* hat schon viel erreicht,
Doch auch *verpatzt* wird manches leicht.

Reiskur

Der Patient hat fest versprochen,
Nur Reis zu essen, sieben Wochen.
Erst tut er's streng: salzlos, gewässert,
Dann insgeheim schon leicht verbessert;
Dann in der Form des süßen Breis;
Dann Reis mit Huhn; dann Huhn mit Reis –
Um im Gefühle eines Helden
Beim Doktor wieder sich zu melden.
Und sieh! Der Patient hat Glück:
Der hohe Blutdruck ging zurück
Und beide singen Lob und Preis
Dem wundertätig-edlen Reis.

Atemgymnastik

Im Grunde glaubt zwar jedermann
Dies, daß er richtig atmen kann.
Jedoch, das geht nicht so bequem:
Gleich bringt ein Mensch uns sein System!
Erklärt, daß unsrer Atemseele
Der gottgewollte Rhythmus fehle,
Auch hätten wir, so sagt er kühl,
Noch keinen Dunst von Raumgefühl
Und wüßten unsre Atemstützen
In keiner Weise auszunützen.
Er lockert uns und festigt uns,
Kurzum, der Mensch belästigt uns
Mit dem System, dem überschlauen,
Bis wir uns nicht mehr schnaufen trauen.

Homöopathie

Leicht läßt Gesundung sich erreichen,
Wenn einer Gleiches heilt mit Gleichem.
Zu der Behandlung braucht man nur
Zwei Dutzend Fläschchen, eine Uhr
Und die Geduld, daß man bestimmt
In jeder Stund drei Tropfen nimmt.

Honorarisches

Es lehrt uns Hahnemann, es habe
Die größte Wirkung kleinste Gabe.
Und mancher Arzt hält das für wahr,
Wenn's nicht betrifft sein Honorar.

Zaubervorstellung

Der Psychotherapeut macht's fein:
Erst fragt er viel in dich hinein,
Dann holt er, wie's der Zaubrer tut
Mit dem Kaninchen aus dem Hut,
Die Fragen wieder aus dir raus –
Und dankt vergnügt für den Applaus.

Freud-iges

Ein Mensch erfand – Dank ihm und Lob –
Das Psychoanalysoskop,
In dem nun jeder deutlich nah
Die seelischen Komplexe sah.
So zeigten die bekannten Grillen
Jetzt einwandfrei sich als Bazillen.
Und was man hielt für schlechte Launen,
War wissenschaftlich zu bestaunen
Als Spaltpilz (siehe Schizophyt),
Der schädlich einwirkt aufs Gemüt.
Der Mensch erfand nun auch ein Serum
Aus dem bekannten nervus rerum,
Und es gelang in mehrern Fällen
Die Seelen wiederherzustellen.
Nur ist es teuer – und die meisten,
Die's brauchten, können sich's nicht leisten.

Psychoanalyse

Ein kluger Seelen-Wurzelgraber
Weiß viel ans Licht zu bringen – aber
Vergeßt dabei das eine nicht:
Die Wurzeln sterben ab im Licht!

Antiskepsis

Wenn man den Zweifel nicht kuriert,
Gar leicht daraus Verzweiflung wird.

Seelische Gesundheit

Ein Mensch frißt viel in sich hinein:
Mißachtung, Ärger, Liebespein.
Und jeder fragt mit stillem Graus:
Was kommt da wohl einmal heraus?
Doch sieh! Nur Güte und Erbauung.
Der Mensch hat prächtige Verdauung.

Traurige Wahrheit

Oft geht uns was durch Mark und Knochen,
Das Rückgrat selbst wird uns gebrochen.
So was trifft andre nicht so schwer:
Sie haben längst kein Rückgrat mehr.

Empfindlichkeit

Leicht überwinden wir den Schmerz,
Trifft er das leidgewohnte Herz.
Mühselger schon ist's zu ertragen,
Wenn etwas schwer uns liegt im Magen.
Am schlimmsten – etwa Geld verlieren! –
Das geht empfindlich an die Nieren.

Leib und Seele

Ein Mensch mißachtet die Befehle
Des bessern Ich, der zarten Seele –
Bis die beschließt, gekränkt zu schwer:
Mit dem verkehre ich nicht mehr.
Sie lebt seitdem, verbockt und stumm
Ganz teilnahmslos in ihm herum.

Letzte Möglichkeit

Wen nichts zu rühren sonst vermag,
Den rührt vielleicht einmal der Schlag.

Bestätigung

Noch heut gilt als der Heilkunst Fels
Der große Meister Paracels.
Er sprach, als Mann von Ruhm und Titel:
Heilmittel sei'n auch Nahrungsmittel,
Wie wechselweis im Gegenteil
Die Nahrungsmittel sei'n auch Heil. –
Ein Wort, das heut erst sich bewährt,
Da alles sich von Pillen nährt.

Roh-Köstliches

Die Rohkost macht durchaus nicht roh,
Sie macht uns frisch und frei und froh,
Nicht grade fromm, doch ziemlich frömmlich,
Und sie ist ungemein bekömmlich.
Vereint mit Kulten, rein und östlich,
Macht sie das Seelenleben köstlich,
Nur oft ein bißchen flügellahm,
Zwar dulderisch, doch unduldsam
Teils gegen männlich frohe Taten,
Teils gegen Schweins- und Kälberbraten.

Eiweiß

Vom Eiweiß liest man mancherlei,
So, daß es manchmal schädlich sei.
Jedoch vom Dotter keine Spur
In medizinscher Litratur!
Drum frei heraus und ohne Stottern
Sag ich: das Heil liegt in den Dottern.

Holde Täuschung

Bei Nikotin und Alkohol
Fühlt sich der Mensch besonders wohl.
Und doch, es macht ihn nichts so hin,
Wie Alkohol und Nikotin.

Pfundiges

Die Bibel rät, die weisheitsvolle,
Daß mit dem Pfund man wuchern solle.
Kann sein. Doch weh, wenn ohne Grund
Ins Wuchern kommt von selbst das Pfund,
Sei's, daß an Mädchen jung und nett,
Es ansetzt unerwünschtes Fett,
Sei's, daß der Leib von braven Rentnern
Hinauf sich wuchert zu drei Zentnern.
Dies muß zum Widerspruche reizen:
Der Mensch soll mit dem Pfunde geizen!

Magenbeschwerden

Wohl dem Gesunden, der's verträgt,
Daß er sich wüst den Bauch vollschlägt.
Doch hat selbst der nicht immer Glück,
Denn manchmal schlägt der Bauch zurück.

Neues Leiden

Kopfschüttelfrost stellt leicht sich ein,
Sagst du zu allem eiskalt »Nein!«

Unterschied

Das Kopfzerbrechen bleibt Versuch –
Ernst wird es erst beim Schädelbruch.

Neueres Leiden

Wir alle lasen in der Bibel
– als von dem ersten Menschenübel –
Vom Schweiße unsres Angesichts.
Vom Fußschweiß aber steht dort nichts.

Verstopfung

Man kann mit ethischen Entschlüssen
Zum Dürfen wandeln sonst das Müssen.
Nur die Verstopfung schafft Verdruß:
Man darf: – Was hilft's, wenn man nicht muß?

Guter Zweck

Man sagt auch sonst bei jedem Dreck,
Die Mittel heilige der Zweck.
Drum Freunde, laßt mir das Gekrittel:
Zweck heiligt auch die Abführmittel.

Kalender kriegt man ganze Haufen,
Den, den man braucht, muß man sich kaufen.

Der Mensch, ein Konsument

König Kunde

Ein Mensch vernimmt vieltausendtönig,
Daß jetzt der Kunde wieder König.
Doch er besinnt sich voller Hohn,
Wie man gestoßen ihn vom Thron,
Und ahnt, wie man ihn wieder stieße,
Wenn er sich auf dies Volk verließe …
So lang die Welt so voll von Würsten,
Wird jeder Käufer schnell zum Fürsten;
Doch wenn es um die Wurst geht, dann
Ist König wieder Bettelmann.

Aufpassen!

Ein Mensch sollt immer auf der Hut sein:
Es trügt der Schein – sogar der Gutschein!

Marktschreiereien

Gern lassen wir uns durch Broschüren
Ins Wunderreich der Krankheit führen
Und holen uns aus bunten Heften
Die Kenntnis von geheimen Kräften.
Beschlossen liegt der Stein der Weisen
In Büchern, nicht genug zu preisen.
Hört! – Und ihr werdet nicht mehr säumen:
Wie deut ich Zukunft aus den Träumen?
Wie bleib ich trotz zwölf Halben nüchtern?
In einer Stunde nicht mehr schüchtern …
Vorm anderen Geschlecht nicht schaudern!
Sie lernen unbefangen plaudern!
Befreiung von nervösem Kichern,
Die Kunst, sich den Erfolg zu sichern.
Nicht unbeholfen mehr beim Tanzen!
Die Radikalkur gegen Wanzen.
Wie fühle ich mich neugeboren?
Sie brauchen nicht mehr Nase bohren.
Wie kann Millionen ich erlottern?
Das sichre Mittel gegen Stottern.
Nichtraucher werden in drei Tagen.
Antworten auf diskrete Fragen. –
Drum macht nur schleunig den Versuch
Und kauft ein solches Wunderbuch!
Ein einziges Rezept daraus
Zahlt hundertfach die Kosten aus!

Schlüpfrige Dinge

Ein Mensch, der auf der Straße ging,
Mit seinen Augen sich verfing
In einem Laden, drin ein Weib
Höchst schamlos zeigte seinen Leib,
Der nur aus Pappendeckel zwar,
Doch fleischlich in der Wirkung war.
Von Hemd und Höschen zart umhüllt,
Das Blendwerk nur den Zweck erfüllt,
Zu schlagen eine breite Bresche
In den erlaubten Wunsch nach Wäsche.
Und da dem Reinen alles rein,
Sah das der Mensch auch alsbald ein
Und ging mit einer grenzenlosen
Hochachtung fort für Damenhosen.

Übereilte Anschaffung

Ein Mensch geht, leider ganz allein,
Und kauft sich neues Schuhwerk ein.
Er tritt zu seinem spätern Schaden
Gleich in den nächsten besten Laden,
Wo ihm ein milder Überreder
Die Machart anpreist und das Leder.
Und schwörend, daß der Schuh ihm passe,
Schleppt er sofort ihn an die Kasse.
Leicht ist es, Stiefel sich zu kaufen,
Doch schwer, darin herumzulaufen.

Das Schnitzel

Ein Mensch, der sich ein Schnitzel briet,
Bemerkte, daß ihm das mißriet.
Jedoch, da er es selbst gebraten,
Tut er, als wär es ihm geraten,
Und, um sich nicht zu strafen Lügen,
Ißt er's mit herzlichem Vergnügen.

Trauriger Fall

Ein Mensch ist leider ziemlich schüchtern
Und ohne Schwung, so lang er nüchtern.
Doch zündet kaum bei ihm der Funken,
Ist's schon zu spät: er ist betrunken.
So muß er immer wieder scheitern:
Nie glückt's ihm, sich nur anzuheitern.

Vorsicht!

Du kriegst, wenn du sie nicht schon hast,
Gastritis leicht als Wirtshaus-Gast.

Das ist's!

Ein Mensch ißt gerne Kuttelfleck. –
Ein andrer graust sich – vor dem Dreck:
Die ganze Welt, das ist ihr Witz,
Ist Frage nur des Appetits.

Lob des Kaffees

Ein Mensch, mit Klopstock, hat bedacht,
Vergraben sei in ewiger Nacht
Oft der Erfinder großer Namen –
Wer war's, der des Kaffeebaums Samen,
Daran wir heut uns alle trösten,
Zu finden wußte und zu rösten,
Dann ihn zu mahlen und zu sieden?
Kein Denkmal ward ihm je beschieden.
Doch erzgegossen-hochgeboren
Prahlt, wer bloß eine Schlacht – verloren!
Doch nur getrost! Wenn hingeschmolzen
Schon längst das Denkmal dieses Stolzen,
Ja, wenn die Menschen seiner spotten,
Wird immer noch Kaffee gesotten.
Das Gute – nicht nur dieser Trank! –
Hat in sich selber Ruhm und Dank.

Lebensleiter

Ein Mensch gelangt, mit Müh und Not,
Vom Nichts zum ersten Stückchen Brot.
Vom Brot zur Wurst geht's dann schon besser;
Der Mensch entwickelt sich zum Fresser
Und sitzt nun, scheinbar ohne Kummer,
Als reicher Mann bei Sekt und Hummer.
Doch sieh, zu Ende ist die Leiter:
Vom Hummer aus geht's nicht mehr weiter.
Beim Brot, so meint er, war das Glück. –
Doch findet er nicht mehr zurück.

Menschen-Ruhm

Ein Mensch kriegt eines Tags den Wahn,
Er fang, berühmt zu werden, an.
Doch merkt er seinen Irrtum leicht,
Wenn er mit andern sich vergleicht:
Zu dreizehntausend Mark reißt hin
Pro Abend eine Sängerin.
Kaum weiß sich ein Tenor zu retten
Vorm Angebot an Bühn- und Betten.
Und alle Leute beten an
Den Neger, der trompeten kann. –
Zu schweigen von der Riesenhetz,
Stieß wer den Fußball wo ins Netz,
So daß, die Augen ganz verglast,
Die Menge vor Begeistrung rast.
Der Mensch sieht jäh sein armes Rühmchen
Verwelken wie ein Mauerblümchen.

Wohlstand

Ein Mensch läßt sich vom Scheine trügen
Und wähnt, das Leben sei Vergnügen.
Er hat sich's auch so eingerichtet,
Wie sich die Welt das Glück erdichtet:
Er ißt das Beste, trinkt und raucht,
Hat Rundfunk, Fernsehn, was man braucht;
Ja, mehr, als je er durft erwarten:
Er hat ein Haus mit einem Garten,
In schönster Gegend, beinah ländlich,
Und einen Wagen, selbstverständlich.
Auch ist, denn er hat klug gewählt,
Er durchaus angenehm vermählt.
Was soll ihm lästigs Kinderrudel?
Er hält dafür sich einen Pudel.
Er ist, der Leser merkt es schnell,
Für Nullacht-fünfzehn das Modell,
Sowohl daheim wie in den Ferien,
Wie's herstellt heut die Welt in Serien.
Der Mensch, so satt und matt und platt,
Ist stolz auf alles, was er hat.
Doch hat auf Unheil oft die Welt
Jäh die Erzeugung umgestellt –
Und sie verschleudert ganze Berge:
Glückspilze, Hausbars, Gartenzwerge,
Den eitlen Wirtschaftswunder-Mist:
Der Mensch muß zeigen, wer er ist!

Selbstquälerei

Ein Mensch, der in der Heimatstadt
Das schönste Haus samt Garten hat –
Ein Glück der wenigsten Familien!! –
Liest täglich unter »Immobilien«
In seiner Zeitung, Spalt um Spalte, –
Erst nur, daß er sich unterhalte,
Doch bald schon unterm strengen Zwang,
Er *müßt* was suchen – stundenlang.
Sollt er, wie andre Zeitgenossen,
Auch siedeln bei den Eidgenossen?
Dürft's ihn an fernen Sonnenküsten
Nach dolce vita noch gelüsten?
Würd nicht aus solchen Paradiesen
Beim ersten Krach er ausgewiesen?
Nimmt er, zu seines Weibes Schonung,
Sich, winzig, eine Wabenwohnung?
Wagt er, romantisch, einen Streich
Und kauft ein Schloß in Österreich?
Zieht er zurück sich, treu und bieder
Nach Oberbayern, ja gar Nieder-?
Wird er zum Fraß der Chiemseeschnaken?
Kurz, alles hat halt seinen Haken.
Sich windend in der Qual der Wahl,
Was er denn möcht und wie er's zahl,
Schwelgt er dann doppelt im Genuß,
Daß er ja gar nichts suchen muß.

Verdienter Hereinfall

Ein Mensch kriegt einen Kitsch gezeigt.
Doch anstatt daß er eisig schweigt,
Lobt er das Ding, das höchstens nette,
Fast so, als ob ers gerne hätte.
Der Unmensch, kann er es so billig,
Zeigt unverhofft sich schenkungswillig
Und sagt, ihn freut's, daß an der Gabe
Der Mensch so sichtlich Freude habe.
Moral: Beim Lobe stets dran denken,
Man könnte dir dergleichen schenken!

Der Kenner

Ein Mensch sitzt stolz, programmbewehrt,
In einem besseren Konzert,
Fühlt sich als Kenner überlegen –
Die anderen sind nichts dagegen.
Musik in den Gehörgang rinnt,
Der Mensch lauscht kühn verklärt und sinnt.
Kaum daß den ersten Satz sie enden,
Rauscht er schon rasend mit den Händen
Und spricht vernehmliche und kluge
Gedanken über eine Fuge
Und seufzt dann, vor Begeisterung schwach:
»Nein, wirklich himmlisch, dieser Bach!«
Sein Nachbar aber grinst abscheulich:
»Sie haben das Programm von neulich!«
Und sieh, woran er gar nicht dachte:
Man spielt heut abend Bruckners Achte.
Und jäh, wie Simson seine Kraft,
Verliert der Mensch die Kennerschaft.

Kunst

Ein Mensch hält an dem Grundsatz fest,
Daß über Kunst sich streiten läßt.
Er widersteht den Avantgarden
Und ihren wortgewandten Barden.
(Modern sein kann heut jeder gut –
Altmodisch sein: dazu brauchts Mut!)
Selbst jung, hat er sich zu den jungen
Expressionisten durchgerungen
Und meint, er habe es geschafft.
Jedoch mit neuer Schöpferkraft
Beginnen nunmehr die Tachisten
Picasso selbst mit auszumisten.
Der Mensch beflügelt seinen Schritt
Und wirklich kommt er grad noch mit.
Wild schreit die Avantgarde: »Patzer!«
Und ritzt in leere Flächen Kratzer.
Der Mensch, nur daß er sei modern,
Beschwört, er sehe so was gern.
Die Jüngsten halten das für Dreck
Und lassen selbst die Kratzer weg.
Der Mensch muß arg sich überwinden,
Um das als Kunst noch zu empfinden.
Er stellt, um ja nicht zu erlahmen,
Sich brav vor leere Bilderrahmen:
Ein bißchen scheint's ihm übertrieben –
Schon gilt er als zurückgeblieben.

Theaterbilletts

Ein Mensch besitzt zwei Festspielkarten,
Auf die vielleicht zehntausend warten,
Die, würden sie beschenkt mit diesen,
Sich ungeheuer glücklich priesen.
Der Mensch, von diesen schroff getrennt
Dadurch, daß er sie gar nicht kennt,
Denkt vorerst seiner beiden Schwestern:
»Nein, danke«, heißt's, »wir waren gestern.«
Dann fällt ihm noch Herr Müller ein,
Der wird vermutlich selig sein.
Doch selig ist der keinesfalls,
Ihm stehn die Opern schon zum Hals.
Wie konnt ich Fräulein Schulz vergessen?
Die ist auf so was ganz versessen!
»Wie, heute abend, Lohengrin?
Da geh ich sowieso schon hin!«
Herr Meier hätte sicher Lust:
»Hätt vor drei Tagen ich's gewußt!«
Frau Huber lehnt es ab, empört:
»Vor zwanzig Jahren schon gehört!«
Herr Lieblich meint, begeistert ging er,
Wär es für morgen, Meistersinger,
Doch heute abend, leider nein.
Der Mensch läßt es von nun an sein. –
Zwei Plätze, keine Sitzer habend,
Genießen still den freien Abend.

Bücher

Ein Mensch, von Büchern hart bedrängt,
An die er lang sein Herz gehängt,
Beschließt voll Tatkraft, sich zu wehren,
Eh sie kaninchenhaft sich mehren.
Sogleich, aufs äußerste ergrimmt,
Er ganze Reihn von Schmökern nimmt
Und wirft sie wüst auf einen Haufen,
Sie unbarmherzig zu verkaufen.
Der Haufen liegt, so wie er lag,
Am ersten, zweiten, dritten Tag.
Der Mensch beäugt ihn ungerührt
Und ist dann plötzlich doch verführt,
Noch einmal hinzusehn genauer –
Sieh da, der schöne Schopenhauer …
Und schlägt ihn auf und liest und liest,
Und merkt nicht, wie die Zeit verfließt …
Beschämt hat er nach Mitternacht
Ihn auf den alten Platz gebracht.
Dorthin stellt er auch eigenhändig
Den Herder, achtundzwanzigbändig.
E. T. A. Hoffmanns Neu-Entdeckung
Schützt diesen auch vor Zwangs-Vollstreckung.
Kurzum, ein Schmöker nach dem andern
Darf wieder auf die Bretter wandern.
Der Mensch, der so mit halben Taten
Beinah schon hätt den Geist verraten,
Ist nun getröstet und erheitert,
Daß die Entrümpelung gescheitert.

Der Kunstfreund

Ein Mensch – kein Unmensch, Gott bewahre! –
Rauft sich vor Kummer schier die Haare,
Wenn er bedenkt, daß – nicht zu fassen! –
Van Gogh man hat verhungern lassen,
Daß Sisley – schrecklicher Gedanken! –
Ein Bild hergab für zwanzig Franken,
Daß viele arm, verkannt gestorben,
Jetzt hochbezahlt und heiß umworben.
Der Mensch hätt damals wollen leben,
Begeistert alles hinzugeben.
Hingegen den versoffnen Lumpen,
Der jüngst gewagt, ihn anzupumpen,
Den Schmierer unterstützen? Nein!
So blöd wird er ja doch nicht sein!

Nur Sprüche

Ein Mensch erklärt voll Edelsinn,
Er gebe notfalls alles hin.
Doch eilt es ihm damit nicht sehr –
Denn vorerst gibt er gar nichts her.

Den Rhein versau'n die Industrien –
Rheinländer drum zur Isar ziehen.

Der Mensch als Reisender und Daheimgebliebener

Falsche Erziehung

Ein Mensch lernt in der Kinderzeit,
Des Lasters Straßen seien breit,
Jedoch der Tugend Pfade schmal
In diesem irdischen Jammertal.
Der Mensch, bei seinem Erdenwandern,
Geht einen Holzweg nach dem andern,
Weil er auf Straßen, breit gebaut,
Sich einfach nicht mehr gehen traut.

Für Wankelmütige

Die besten Reisen, das steht fest,
Sind die oft, die man unterläßt! –
Nur, daß man rasch entscheiden muß,
Damit man nicht lang leiden muß,
An Reisefieber, Tag und Nacht,
Um Reisen, die man gar nicht macht!

Welt auf Reisen

Die Sonne tönt nach alter Weise
Und ihre vorgeschriebne Reise
Vollendet sie mit Donnergang,
Bereits Milliarden Jahre lang.
Mal zwischendurch kommt ein Komet,
Der seine eignen Wege geht
Und doch, weil er nur scheinbar irrt,
Vom Menschen schlau berechnet wird.
Ja, überhaupt die Wissenschaft
Hat, sich entwickelnd fabelhaft,
Ein neues Weltbild uns gewonnen:
Es reisen Millionen Sonnen,
Und Sterne, die als fixe galten,
Sind wissenschaftlich nicht zu halten.
Das »πάντα ῥεῖ« ist letzter Schluß:
Das Weltall selbst ist stets im Fluß. –
Noch deutlicher als wie am Himmel
Sehn wir auf Erden das Gewimmel:
Kaum braucht's noch einzeln des Belegs
Dafür, daß alles unterwegs.
Die Gletscher wandern und die Dünen,
Von Wanderpreisen, Wanderbühnen,
Von Wanderlebern oder -nieren
Muß weiter man kein Wort verlieren.
Es reist der Lachs, es reist der Aal,
In ganzen Schulen zieht der Wal,
Der Hering wandert massenweise,
Man kennt des Thunfischs nasse Reise;
Die Wandervögel, Wanderratten –
Zu Hause bleiben nur die Satten –,
Die Wanderraupen und Ameisen:
Wohin wir blicken, – alle reisen –

Und oft zu ganz gemeinen Zwecken:
Der Heuschreck ist der ärgste Schrecken.
Zum Meere reist ein jeder Strom,
Die Glocken reisen selbst nach Rom –
So sagt der Volksmund – am Karfreitag.
Der Mensch reist etwa zum Parteitag,
Zu Sängerfesten, Fußballspielen,
Ausstellungen und Fachkonzilen,
Frankfurter oder andern Messen –
Und Zielen, die ich grad vergessen.
Kurzum, es reist die ganze Welt!
Besonders wandert auch das Geld –
Oft rasch zu unserm Überraschen
Fliegt's gradezu aus unsern Taschen,
Ganz ohne daß wir's rausgeschmissen:
Wohin? Das mag der Teufel wissen!
Was braucht's noch weiterer Beweise?
Wir wünschen allen: Gute Reise!

Selbstloser Rat

Ein Mensch, ganz scheußlich abgehetzt,
Schwört, in den Urlaub fahr er jetzt –
Wozu auch jeder Kunde rät:
Vielleicht schon morgen sei's zu spät.
Sofort – schließt jeder seine Predigt –
Wenn meine Sache Sie erledigt,
Dann müssen Sie, mag's schlecht auch passen,
Entschlossen alles liegen lassen!

Vergebliche Freiheit

Ein Mensch, vom Alltag schier bezwungen,
Hat sich zur Freiheit durchgerungen
Und gibt sich heilig das Versprechen,
Wohin er will, jetzt aufzubrechen.
Er sitzt noch heut zuhause still –
Er weiß ja nicht, wohin er will!

Hereinfall

Ein Mensch, gewillt, sich zu erholen,
Kriegt Paradiese gern empfohlen.
Er liest in manchem Werbeblatt
An Bergen sich und Bädern satt,
Um, qualvoll hin- und hergerissen,
Erst recht nicht mehr: wohin? zu wissen.
Entschluß hängt oft an einem Fädchen:
In diesem Fall entschied ein Mädchen,
Das aus dem schönsten der Prospekte
Die Arme sehnend nach ihm streckte.
Der Mensch, schon jetzt in es verliebt
Und überzeugt, daß es es gibt,
Fährt, nicht mehr länger überlegend,
In die dortselbst verheißne Gegend
Und sieht inmitten sich von Leuten,
Die auch sich auf das Mädchen freuten,
Doch keinesfalles ihrerseits
Ersetzen den versprochnen Reiz.
Im Kurhaus, im Familienbad
Ist ohne es es äußerst fad;
Der Mensch, vom Mädchenbild bestochen,
Hat sich im voraus für vier Wochen
Vertrauensselig schon verpflichtet.
Nun steht er einsam und vernichtet.

Auf der Reise

Schon schlimm genug, wenn sich daheim
Entwickelt einer Krankheit Keim,
Wo du, um etwas auszubrüten,
Das eigne Bett nur brauchst zu hüten. –
Doch scheußlicher, wenn in der Fremden,
Wo du beschränkt an Geld und Hemden,
In, beispielsweise, Wolfenbüttel,
Dich jäh erfaßt ein Frostgeschüttel,
Wenn dir in Schneizelreuth, in Krün,
Wird gar der Lebensfaden dünn;
Vielleicht fällt's grad in Schwarzenstein
Der häßlichsten der Parzen ein,
Dir – gottlob ohne langes Leiden –
Besagten Faden abzuschneiden.
Vergebens du dem Schicksal grolltest,
Liegst du nun, wo du gar nicht wolltest,
Jetzt unterm Marmor oder Tuffstein
In Berchtesgaden oder Kufstein.
Darum, mein Lieber, überleg's
Und werde krank nicht unterwegs!

Der Urlaub

Ein Mensch, vorm Urlaub, wahrt sein Haus,
Dreht überall die Lichter aus,
In Zimmern, Küche, Bad, Abort –
Dann sperrt er ab, fährt heiter fort.
Doch jäh, zu hinterst in Tirol,
Denkt er voll Schrecken: »Hab ich wohl?« –
Und steigert wild sich in den Wahn,
Er habe dieses nicht getan.
Der Mensch sieht, schaudervoll, im Geiste,
Wie man gestohlen schon das meiste,
Sieht Türen offen, angelweit.
Das Licht entflammt, die ganze Zeit!
Zu klären solchen Sinnentrug,
Fährt heim er mit dem nächsten Zug
Und ist schon dankbar, bloß zu sehn:
Das Haus blieb wenigstens noch stehn!
Wie er hinauf die Treppen keucht:
Kommt aus der Wohnung kein Geleucht?
Und plötzlich ist's dem armen Manne,
Es plätschre aus der Badewanne!
Die Ängste werden unermessen:
Hat er nicht auch das Gas vergessen?
Doch nein! Er schnuppert, horcht und äugt
Und ist mit Freuden überzeugt,
Daß er – hat er's nicht gleich gedacht? –
Zu Unrecht Sorgen sich gemacht.
Er fährt zurück und ist nicht bang. –
Jetzt brennt das Licht vier Wochen lang.

Der Reiseleiter

In stillem Beileid denken hier
Der armen, braven Menschen wir,
Die, des Kulturtransports Begleiter,
Verpflichtet sind als *Reiseleiter*.
Mit wahren Bären-Seelenkräften
Obliegen teils sie den Geschäften,
Teils stemmen sie, wie Schwergewichtler,
Die Zentnerlast der Kunstgeschichtler.
Sie dürfen noch nach tausend Fragen
Ein altes Fräulein nicht erschlagen,
Ja, selbst in Sturzseen von Beschwerden
Nicht einen Zollbreit wankend werden.
Sie müssen, Opfer des Berufs,
Das Nicht-mehr-Rauchen des Vesuvs,
Die Höh, den Umfang seines Kraters,
Das Alter unsres Heiligen Vaters,
Die nähern Daten Wilhelm Tells,
Ja, selbst den kleinsten Schweizer Fels
Erklären aus dem Handgelenke,
Entwirren Knäuel von Gezänke,
Und Antwort stehn dem Herrn, der immer –
Wieso?? – bekommt das schlechtste Zimmer!
Mitunter wechselt man sie aus:
Wer schadhaft, kommt ins Irrenhaus.

Der Provinzler

Ein Mensch in einer kleinen Stadt,
Wo er sonst keinen Menschen hat, –
Und, Gottlob, nur drei Tage bleibt –
Mit einem sich die Zeit vertreibt,
Der, ortsgeschichtlich sehr beschlagen,
Ihm eine Menge weiß zu sagen,
Ihn in manch gutes Wirtshaus führend,
Kurz, sich benehmend einfach rührend.
»Wenn Sie einmal nach München kommen …«
Schwupps, ist er schon beim Wort genommen:
Der Mann erscheint, der liebe Gast –
Und wird dem Menschen schnell zur Last.
Denn hier wirkt fad und unlebendig,
Wer stark dort war, weil bodenständig.
Man ist um solche Leute froh –
Doch nur in Sulzbach oder wo.

Traurige Wahrheit

Ein Mensch liest, warm am Ofen hockend –
Indem das Wetter nicht verlockend –,
Daß gestern, im Gebirg verloren,
Elendiglich ein Mann erfroren.
Der Mann tut zwar dem Menschen leid –
Doch steigert's die Behaglichkeit.

Nordsee

Der Fremdling kommt. Er ist gespannt.
Was sieht er? Sand und wieder Sand.
Der Kitsch der Welt begegnet ihm
Hier ausgesprochen maritim.
Ob rechter Weg, ob linker Weg,
Es ist der gleiche Klinkerweg.
Und hier soll er drei Wochen bleiben?
Wie soll er sich die Zeit vertreiben?
Soll er sich einen Strandkorb chartern?
Sich gar mit Burgenbauen martern?
Er fühlt sich über die erhaben,
Die eifervoll im Sande graben.
Am zweiten Tag, als Stundenschmelzer,
Holt er hervor den dicken Wälzer,
Doch schaut er, durch und durch versandet,
Bald nur noch, wie die Woge brandet.
Am dritten – wie ein Teufelchen –
Gräbt selbst er mit dem Schäufelchen
Und hat am vierten sich, als Gast,
Schon ganz der Umwelt angepaßt.
Die Zeit, der Sand, die Welle rinnt:
Der Mensch wird unversehns zum Kind
Und heult auch wie ein Kind zum Schluß,
Unglücklich, weil's nach Hause muß.

Billige Reise

Ein Mensch holt sich für die bezweckte
Fahrt in die Ferien viel Prospekte,
Die, was verdächtig, unentgeltlich
In reichster Auswahl sind erhältlich
Und die in Worten wie in Bildern
Den Reiz jedweder Gegend schildern.
Begeisternd sind die Pensionen,
In denen nette Menschen wohnen.
Ganz herrlich sind die Alpentäler,
Wo preiswert Bett und Mittagsmähler.
Doch würdig reifer Überlegung
Ist auch am Meere die Verpflegung.
Es fragt sich nur ob Ost-, ob Nord-?
Und schließlich wie wär es an Bord?
Nicht zu verachten bei den Schiffen
Der Lockruf: »Alles inbegriffen!«
Der Mensch, an sich nicht leicht entschlossen,
Hat lesend schon genug genossen
Und bleibt, von tausend Bildern satt,
Vergnügt in seiner Heimatstadt.

Vielleicht hat Gott sich auch die Welt
Beim Schöpfen schöner vorgestellt.

Misanthropen sind auch nur Menschen

Leider

Ein Mensch sieht schon seit Jahren klar:
Die Lage ist ganz unhaltbar.
Allein – am längsten, leider, hält
Das Unhaltbare auf der Welt.

Seltsam genug

Ein Mensch erlebt den krassen Fall,
Es menschelt deutlich, überall –
Und trotzdem merkt man, weit und breit
Oft nicht die Spur von Menschlichkeit.

Das Böse

Ein Mensch – was noch ganz ungefährlich –
Erklärt die Quanten (schwer erklärlich!).
Ein zweiter, der das All durchspäht,
Erforscht die Relativität.
Ein dritter nimmt, noch harmlos, an,
Geheimnis stecke im Uran.
Ein vierter ist nicht fernzuhalten
Von dem Gedanken, kernzuspalten.
Ein fünfter – reine Wissenschaft –
Entfesselt der Atome Kraft.
Ein sechster, auch noch bonafidlich,
Will die verwerten, doch nur friedlich.
Unschuldig wirken sie zusammen:
Wen dürften, einzeln wir verdammen?
Ist's nicht der siebte erst und achte,
Der Bomben dachte und dann machte?
Ist's nicht der Böseste der Bösen,
Der's dann gewagt, sie auszulösen?
Den Teufel wird man nie erwischen:
Er steckt von Anfang an dazwischen.

Das größere Übel

Es sei der Mensch (in seinem Wahn)
Zu allem fähig, nimmt man an.
Doch was viel tiefer an uns frißt:
Daß er zu gar nichts fähig ist.

Nur

Ein Mensch, der, sagen wir, als Christ,
Streng gegen Mord und Totschlag ist,
Hält einen Krieg, wenn überhaupt,
Nur gegen Heiden für erlaubt.
Die allerdings sind auszurotten,
Weil sie des wahren Glaubens spotten!
Ein andrer Mensch, ein frommer Heide,
Tut keinem Menschen was zuleide,
Nur gegenüber Christenhunden
Wär jedes Mitleid falsch empfunden.
Der ewigen Kriege blutige Spur
Kommt nur von diesem kleinen »nur« …

Dummheit

Dummheit ist chronisch meist, latent,
So daß man sie oft kaum erkennt.
Nur manchmal wird sie so akut,
Daß man den reinsten Blödsinn tut,
Jedweglichen Verstand verlierend:
Dann ist die Dummheit galoppierend.

Der Pfründner

Ein Mensch hat draußen nicht viel Glück.
Er zieht sich in sich selbst zurück;
Zu keinem Aufwand mehr verpflichtet,
Doch seelisch recht gut eingerichtet,
Führt er seitdem behaglich dort
Ein Innenleben mit Komfort.

Gewissenserforschung

Ein Mensch, statt daß er sich beklag
Darüber, daß kein Mensch ihn mag,
Prüf, als Gerechter, vorher sich:
»Genau genommen – wen mag ich?!«

Gegenseitig

Ein Mensch beklagt das Widerstreben
Der andern, ganz (sich) hinzugeben.
Er müßt zur Frage sich bequemen:
War *er* bereit, ganz hinzunehmen?

Augenleiden

Schlecht sehn – ein Glas hilft da fast immer.
Doch nur das Schlechte sehn ist schlimmer.
Scharf zuzusehn empfiehlt sich nicht,
Denn es zerstört die Zuversicht.
Sehschärfe schadet dem Gemüte,
Wenn wir sie mildern nicht durch Güte.
Rezept: Vertrau dich dem Geschick
Des Optikers für inneren Blick!

Umgekehrt

Ein Mensch wird »Pessimist« geschmäht,
Der düster in die Zukunft späht.
Doch scheint dies Urteil wohl zu hart:
Die Zukunft ist's, die düster starrt!

Hautleiden

Oft führ man gern aus seiner Haut,
Doch, wie man forschend um sich schaut,
Erblickt man ringsum lauter Häute,
In die zu fahren auch nicht freute.
Hätt sich auch einer selbst erspürt
Als Narr, wo ihn die Haut anrührt,
Er bleibt, nach flüchtigem Besinnen,
Doch lieber in der seinen drinnen!

Warnung

Ein Mensch, verführt von blindem Zorn,
Bläst in das nächste beste Horn.
Nun merkt er, nach dem ersten Rasen,
Daß er ins falsche Horn geblasen.
Zu spät! Der unerwünschte Ton
Ist laut in alle Welt entflohn.
Wenn schon Moral, dann wär es diese:
Daß man am besten gar nicht bliese!

Verkannte Kunst

Ein Mensch, der sonst kein Instrument,
Ja, überhaupt Musik kaum kennt,
Bläst Trübsal – denn ein jeder glaubt,
Dies sei auch ungelernt erlaubt.
Der unglückselige Mensch jedoch
Bläst bald auch auf dem letzten Loch.
Dann ist's mit seiner Puste aus
Und niemand macht sich was daraus.
Moral: Ein Trübsalbläser sei
Ein Meister, wie auf der Schalmei.

Föhn

Uns quält, wer weiß warum und wie,
Oft plötzliche Melancholie.
Es hat uns niemand was getan,
Doch weht's wie Wind uns traurig an:
So eine Art von Seelenföhn –
Dabei scheint's wolkenlos und schön.
Und doch, wir haben ihn gespürt,
Den Dämon, der sich heimlich rührt.

Falsche Ernährung

Ein Mensch, den falscherweise meist
Man lebensüberdrüssig heißt,
Ist, und das macht den Fall erst schwierig,
In Wahrheit lebensübergierig,
So daß er jedes Maß vergißt
Und sich an Wünschen überfrißt.
Der Typ des reinen Hypochonders
Freut sich am Leben ganz besonders,
Unüberwindlich bleibt ihm nur
Die innere Zwietracht der Natur.
Oft wär er gerne dionysisch,
Doch er verträgt's nicht, schon rein physisch.
Oft wär ihm sanftes Glück beschieden,
Doch fehlt es ihm an Seelenfrieden.
Da er nie ausnützt, was er hat,
Wird er vom Leben auch nicht satt,
So daß er bald nach Vielem greift,
Was ihm noch gar nicht zugereift,
Den Magen gründlich sich verdirbt
Und dann an Melan-kolik stirbt.

Das Schwierige

Ein Mensch würd sich zufrieden geben
Damit, daß tragisch wird das Leben.
Das Schwierige liegt mehr an dem:
Es wird auch fad und unbequem.

Das Geheimnis

Ein Mensch bemerkt oft, tief ergrimmt,
Daß irgend was bei ihm nicht stimmt.
Jedoch, woran es ihm gebricht,
Er findet's nicht und findet's nicht.
Und ohne es entdeckt zu haben,
Stirbt er zum Schluß und wird begraben;
Schad, daß er nicht mehr hören kann:
Am Sarg sagt's offen jedermann.

Wahrscheinlich

Ein Mensch hat, außer Redensarten,
Nicht mehr viel Schönes zu erwarten.

Nur

Wir lassen gern als Wahrheit gelten,
Dies sei die beste aller Welten.
Nur mit dem Platz, der uns beschieden,
Sind wir fast durchweg unzufrieden.

Der Zufriedene

Ein Mensch fährt glücklich zu den Toten:
Ihm reicht's, was ihm die Welt geboten.
Nie dacht er – Trost, den wir ihm gönnen –
Was sie ihm hätte bieten können!

Wer weiß?

Ein Mensch schreibt feurig ein Gedicht:
So, wie's ihm vorschwebt, wird es nicht.
Vielleicht hat sich auch Gott die Welt
Beim Schöpfen schöner vorgestellt.

Ausgleich

So mancher hat sich wohl die Welt
Bedeutend besser vorgestellt –
Getrost! Gewiß hat sich auch oft
Die Welt viel mehr von ihm erhofft!

Denn, wer sich richtig totgestellt,
Lebt wieder freier auf der Welt.

Des Menschen Lebensangst und -kunst

Man wird bescheiden

Ein Mensch erhofft sich fromm und still,
Daß er einst das kriegt, was er will.
Bis er dann doch dem Wahn erliegt
Und schließlich das will, was er kriegt.

Vieldeutung

Ein Mensch schaut in die Zeit zurück
Und sieht: Sein Unglück war sein Glück.

Leider

Ein Mensch, kein Freund der raschen Tat,
Hielt sich ans Wort: Kommt Zeit, kommt Rat.
Er wartete das Herz sich lahm –
Weil Unzeit nur und Unrat kam.

Überraschungen

Ein Mensch dem Sprichwort Glauben schenkt:
's kommt alles anders, als man denkt –
Bis er dann die Erfahrung macht:
Genau so kam's, wie er gedacht.

Vorsicht

Ein Mensch, der – weil er's längst erprobt –
Den Tag nie vor dem Abend lobt,
Lernt selbst am Abend noch zu zittern:
Denn oft kommt's auch zu Nachtgewittern.

Ein Gleichnis

Ein Mensch beäugt im halben Traum
Die Lichter still am Weihnachtsbaum.
Und Wehmut schleicht sich ihm ins Herze,
Wie Kerze niederbrennt um Kerze.
Oft sind es grad die starken, stolzen,
Die unverhofft hinweggeschmolzen.
Zuletzt sind sechse oder sieben
Als arme Stümpflein übrig blieben.
Der Mensch, nicht aberglaubenfrei,
Sucht eins, daß es das seine sei.
Hoch oben flackert eins und lischt,
Tief unten raucht eins und verzischt.
Ein drittes blau nach Luft noch schnappt –
Schon ist sein Wachs davongeschwappt.
Doch seines, wie's auch knisternd keucht,
Erhebt sich neu zu Goldgeleucht.
Die Schatten werden riesengroß –
Das eine – seine – hält sich bloß.
Ein letztes Tasten noch des Lichts –
Dann kommt das ungeheure Nichts.
Der Mensch entreißt sich seinem Wahn –
Und knipst die Deckenlampe an …

Schadhafte Leitung

Ein Mensch, der fühlt, wie's immer klopft,
Merkt plötzlich: seine Seele tropft.
Und folgerichtig schließt er draus:
Sie hat ein Loch, sie rinnt ihm aus.
Und unverzüglich-unverzagt
Forscht er nun, wo es tropft und nagt.
Die Frage wird zuerst erledigt,
Ob er sie wie wo wann beschädigt.
Jedoch er ist, bei heiler Brust,
Sich keines solchen Falls bewußt.
Nun meint er, daß es etwa gelte,
Ob sie durch Wärme oder Kälte
Gewissermaßen selbst zersprungen?
Der Nachweis ist ihm nicht gelungen.
Wenn nicht die Hitze und der Frost,
Vielleicht, daß sie des Neides Rost,
Der Ehrsucht Säure angefressen?
Doch war auch dies nicht zu ermessen.
Undenkbar auch, daß sie an Wonnen
Geplatzt und somit ausgeronnen.
Doch während er so überlegt,
Tropft seine Seele unentwegt.
Die ausgelaufnen Seelensäfte
Zerlaugen seine besten Kräfte,
So daß er froh ist, wenn zum Schluß
Die Seele ganz verrinnen muß.
Hernach lebt er noch lange Zeit
In selbstzufriedner Trockenheit.

Ausgerechnet …

Ein Mensch, von klein auf, wird belehrt,
Daß sich sein Leben selbst erschwert,
Wer, statt daß er am Schopf sie faßt,
Stets die Gelegenheit verpaßt,
Nun endlich, voll Verwegenheit,
Ergreift er die Gelegenheit.
Erst viel zu spät wird es ihm klar,
Daß diesmal just es keine war.

Halbes Glück

Ein Mensch, vom Glücke nur gestreift,
Greift hastig zu, stürzt, wird geschleift,
Kommt unters Rad, wird überfahren –
Dergleichen kannst du dir ersparen,
Wenn du nicht solche Wege gehst,
Wo du dem Glück im Wege stehst.

Fortschritte

Ein Mensch wünscht sich ganz unaussprechlich,
Daß Glück und Glas sei unzerbrechlich.
Die Wissenschaft vollbringt das leicht:
Beim Glas hat sie's schon fast erreicht.

Der Waldgänger

Ein Mensch im Wald ging für sich hin
Und nichts zu suchen, war sein Sinn.
Doch welch ein Glück! Ein Steinpilz stand,
Ein Prachtstück, dicht am Wegesrand.
Der Mensch, nun schon voll Sucherdrang,
Trug ihn in Händen, stundenlang. –
Dann endlich sah er seufzend ein,
Wie wertlos solch ein Pilz allein.
Er warf ihn fort, ging unfroh weiter:
Da stand, nicht ganz so schön, ein zweiter.
Der Mensch, vom ersten Fall gewitzt,
Daß man mit *einem* – nichts besitzt,
Verzichtete und ließ ihn stehen,
Zumal's schon Zeit war, heimzugehen.
Doch tretend aus des Waldes Mitten,
Sah unverhofft er einen dritten:
Den pflückte er, mit wildem Eifer. –
Doch wie er auch, als Forstdurchstreifer,
Jetzt schwitzend durch das Dickicht hetzte,
Der dritte, kleinste, blieb der letzte.
Den hat er müde, in der Nacht,
Von seinem Waldgang heimgebracht.
Um die Moral nicht zu versäumen:
Glück in zu weiten Zwischenräumen –
Und schiene es auch einzeln groß –
Beunruhigt unsre Seele bloß …

Der Kreisel

Ein Mensch hat einen Kreisel, rund,
Bemalt in sieben Farben, bunt.
Er peitscht ihn an, der Kreisel schwirrt,
Bis schneller er – und *grauer* wird …
Soll unser Leben bunter bleiben,
Darf man's nicht allzu munter treiben.

Lebensangst

Oft hat man schrecklich Angst vorm Leben,
Doch mit der Zeit wird sich das geben!
Das Leben ist ein alter Brauch
Und andere Leute leben auch,
Obwohl sie's eigentlich nicht können –
Rezept: Der bösen Welt nicht gönnen,
Daß sie verächtlich auf uns schaut!
Nur frisch der eignen Kraft vertraut!
Am Leben krankt nur, wer gescheit –
Gesunde Dummheit, die bringt's weit!

Lebe gefährlich!

Die Welt geht morgen vielleicht unter.
Wir sind, verhältnismäßig, munter –
Vielmehr, ganz unverhältnismäßig!
Vergnügungssüchtig und gefräßig,
Neugierig, harmlos, guter Dinge –
Als ob die Welt *nicht* unterginge.
Der Nachwelt ist dann unerklärlich,
Wie wir, gefährdet und gefährlich,
Geschritten, doch wohl ahnungslos,
Durch diese Zeiten, riesengroß.
Nichts da! Wir habens schon gewußt! –
Wir haben leider halt gemußt;
Und mit der größten Zeit verweben
Die kleinsten Zeiten sich zum Leben.
Doch wie, im Kampf an allen Fronten,
Wir trotzdem uns behaupten konnten,
Wird – sucht's auch mancher zu beschreiben –
Ein ewiges Geheimnis bleiben!

Einfache Sache

Ein Mensch drückt gegen eine Türe,
Wild stemmt er sich, daß sie sich rühre!
Die schwere Türe, erzgegossen,
Bleibt ungerührt und fest verschlossen.
Ein Unmensch, sonst gewiß nicht klug,
Versucht's ganz einfach jetzt mit Zug.
Und schau! (Der Mensch steht ganz betroffen)
Schon ist die schwere Türe offen!
So geht's auch sonst in vielen Stücken:
Dort, wo's zu ziehn gilt, hilft kein Drücken!

Für Gußeiserne

Ein Mensch – daß ich nicht Unmensch sag –
Meint: »Alles kann man, wenn man mag.«
Vielleicht – doch gibt's da viele Grade:
Auch mögen-können ist schon Gnade!

Falsche Herausforderung

Ein Mensch, so grade in der Mitten,
Nicht just verehrt, doch wohlgelitten,
Zwingt, anstatt still sein Los zu leiden,
Schroff Freund und Frau, sich zu entscheiden.
Und jene, die viel lieber lögen,
Erklären, daß sie ihn wohl mögen,
Jedoch, sollt klar gesprochen sein,
Dann sagten sie doch eher nein.
Der Mensch, sonst nach Gebühr geduldet,
Hat dieses Urteil selbst verschuldet,
Denn es gibt Dinge auf der Welt,
Die man nicht auf die Probe stellt,
Weil sie, wie, ach, so viel im Leben
Sich halten lassen nur im Schweben.

Sprichwörtliches

Ein Mensch bemerkt mit bitterm Zorn,
Daß keine Rose ohne Dorn.
Doch muß ihn noch viel mehr erbosen,
Daß sehr viel Dornen ohne Rosen.

Philosophischer Disput

Ein Mensch verteidigt mit viel List:
Die Welt scheint anders, als sie ist!
Sein Gegner aber streng verneint:
Die Welt ist anders, als sie scheint.

Feingefühl

Ein Mensch sieht ein – und das ist wichtig:
Nichts ist ganz falsch und nichts ganz richtig.

Und alle leben so ganz friedlich –
Nur ein klein bißchen invalidlich.

Menschliches und Endliches

Unterschied

Ein Mensch möcht, jung noch, was erleben.
Doch mit der Zeit wird sich das geben,
Bis er, im Alter, davor bebt,
Daß er am End noch was erlebt.

Gründliche Einsicht

Ein Mensch sah jedesmal noch klar:
Nichts ist geblieben so, wie's war. –
Woraus er ziemlich leicht ermißt:
Es bleibt auch nichts so, wie's grad ist.
Ja, heut schon denkt er, unbeirrt:
Nichts wird so bleiben, wie's sein wird.

Gescheiterte Sammlung

Ein Mensch – er freut sich drauf, und wie! –
Geht in die fünfte Sinfonie.
Wie liebt er grad den ersten Satz!
Er setzt sich still auf seinen Platz,
Daß ganz er dem Genuß sich weihe …
Ein Herr grüßt aus der dritten Reihe.
Der Mensch, wohl wissend, daß er'n kenn,
Denkt flüchtig bloß, wie heißt er denn?
Worauf er fromm die Augen schließt,
Damit Musik sich in ihn gießt.
Kaum hebt den Stab der Zappelmann,
Schon geht bei ihm der Rappel an:
Wie rast der Geigen Glanzgeschwirre –
Der Mann heißt Fuld, wenn ich nicht irre!
Trompeten holt des Meisters Wink
Zu wilder Pracht – der Mann heißt Fink!
Wie steigt der Melodien Wuchs
Aus Zaubertiefen – er heißt Fuchs!
Wie klagt so süß ein Flötenlauf –
Der Mensch, er kommt und kommt nicht drauf.
Posaunen strahlen des Gerichts –
Mit Fuchs ist es natürlich nichts.
Horch, des Finales stolzer Prunk –
Funk heißt er, selbstverständlich, Funk!
Des Menschen Kopf ist wieder frei:
Die Sinfonie ist auch vorbei …

Kunst

Ein Mensch malt, von Begeisterung wild,
Drei Jahre lang an einem Bild.
Dann legt er stolz den Pinsel hin
Und sagt: »Da steckt viel Arbeit drin.«
Doch damit war's auch leider aus:
Die Arbeit kam nicht mehr heraus.

Angstträume

Wen hätt nicht schon der Traum gepackt,
Daß er dahinläuft, splitternackt,
Sich furchtbar schämt – und doch so tut,
Als liefe er recht frohgemut,
Ganz ohne Angst vor all den Leuten,
Die schon mit Fingern auf ihn deuten.
Wer reicht ihm einen Lendenschurz?
Wer gräbt ihm frei des Traumes Wurz?
Hat's einen Sinn, nach dem Erwachen
Der Welt den Traum bekanntzumachen?
Wird seine Frau ihn recht verstehn?
Soll er zum Therapeuten gehn?
Soll er bei Freud und Adler schürfen,
Ob wir dergleichen träumen dürfen?
Vielleicht verrät der Mensch, als nackter,
Den baren Mangel an Charakter?
Eh dies entschieden, sinkt zum Glück
Der böse Traum ins Nichts zurück.
Beim ersten Blick auf Hemd und Hosen
Verschäumt er leicht im Wesenlosen.

Der starke Kaffee

Ein Mensch, der viel Kaffee getrunken,
Ist nachts in keinen Schlaf gesunken.
Nun muß er zwischen Tod und Leben
Hoch überm Schlummerabgrund schweben
Und sich mit flatterflinken Nerven
Von einer Angst zur andern werfen
Und wie ein Affe auf dem schwanken
Gezweige turnen der Gedanken,
Muß über die geheimsten Wurzeln
Des vielverschlungnen Daseins purzeln
Und hat verlaufen sich alsbald
Im höllischen Gehirn-Urwald.
In einer Schlucht von tausend Dämpfen
Muß er mit Spukgestalten kämpfen,
Muß, von Gespenstern blöd geäfft,
An Weiber, Schule, Krieg, Geschäft
In tollster Überblendung denken
Und kann sich nicht ins Nichts versenken.
Der Mensch in selber Nacht beschließt,
Daß er Kaffee nie mehr genießt.
Doch ist vergessen alles Weh
Am andern Morgen – beim Kaffee.

Gute Vorsätze

Den guten Vorsatz, sich zu bessern,
Muß mancher manchmal arg verwässern.
Die so erzielte Wasserkraft
Treibt dann den Alltag fabelhaft.

Relativität

Wer Hunger spürt, der ißt sich satt,
Vorausgesetzt, daß er was hat.
Wer Liebe fühlt, zeigt sich als Mann,
Vorausgesetzt, daß er das kann.
Wer Wahrheit liebt, der urteilt scharf,
Vorausgesetzt, daß er das darf.
Wer Ruhe sucht, verhält sich still,
Vorausgesetzt, daß er das will.
Wer Geld möcht, schuftet mit Verdruß,
Vorausgesetzt, daß er das muß.
Wer sterben soll, stirbt wie ein Christ,
Vorausgesetzt, daß er das ist.
Kurz, was uns auf der Welt gelingt,
Ist leider ungemein bedingt.

Zu spät

Ein Mensch zertritt die Schnecke, achtlos. –
Die Schnecke ist dagegen machtlos.
Zu spät erst kann sie, im Zerknacken,
Den Menschen beim Gewissen packen.

Ein Mensch nimmt, guten Glaubens, an,
Er hab das Äußerste getan.
Doch leider Gott's versäumt er nun,
Auch noch das Innerste zu tun.

Unter Aufsicht

Ein Mensch, der recht sich überlegt,
Daß Gott ihn anschaut unentwegt,
Fühlt mit der Zeit in Herz und Magen
Ein ausgesprochnes Unbehagen
Und bittet schließlich Ihn voll Grauen,
Nur fünf Minuten wegzuschauen.
Er wolle unbewacht, allein
Inzwischen brav und artig sein.
Doch Gott, davon nicht überzeugt,
Ihn ewig unbeirrt beäugt.

Überlegung

Ein Mensch, der kindlich, ohne Spott,
Gefürchtet sich vorm lieben Gott,
Weil dessen Auge, Tag und Nacht,
Ihn unerbittlich streng bewacht: –
Jetzt, als Erwachsner, sich gesteht:
Der liebe Gott ist indiskret!

Wandlung

Ein Mensch führt, jung, sich auf wie toll:
Er sieht die Welt, wie sie sein soll.
Doch lernt auch er nach kurzer Frist,
Die Welt zu sehen, wie sie ist.
Als Greis er noch den Traum sich gönnt,
Die Welt zu sehn, wie sie sein könnt.

Entwicklungen

Verschieden ist der Menschen Art:
Die einen, in der Jugend zart,
Sind oft im Laufe weniger Jahre
Schon zähe, morsche Exemplare.
Doch andre, ungenießbar jung,
Gewinnen durch die Lagerung
Und werden in des Lebens Kelter,
Wie Wein, je feuriger, je älter.

Um vierzig herum

Ein Mensch, sich wähnend noch als junger,
Hat jetzt erst so den rechten Hunger
Und freut sich auf die gute Stunde,
Wo er vergnügt mit vollem Munde
Weinweibgesänglich sitzen dürfte
Und wo der bisher kaum geschlürfte,
Der Göttertrank der Daseinswonnen,
In vollen Strömen käm geronnen.
So rüstet er zum Lebensfeste –
Und sieht entsetzt die kargen Reste,
Die ihm, zu leben und zu lieben,
Für künftige Jahre noch geblieben.
Sich wähnend auf des Glückes Gipfel,
Schaut er der Wurst verlornen Zipfel.
Bereit zum ersten tiefen Zug,
Lechzt er in einen leeren Krug.
Da sitzt er, schüttelt stumm das Haupt,
Weil er es nie und nimmer glaubt,
Daß er sie selbst verzehret habe,
Die unerschöpflich reiche Labe.
Er kaut Erinnrung, saugt Vergessen –
Ist dreißig Jahr noch so gesessen …

Erfahrung

Den Jahreswechsel kaum man spürt,
Bis er zu Wechseljahren führt.

Jugend und Alter

Da liegt ein tiefer Schmerz darin:
Die Jugend wußte nicht, wohin
Mit all dem, wovon mehr und mehr
Das Alter wüßte gern, woher …

Lebenslauf

Die letzte Kinderkrankheit wich:
Die Altersleiden melden sich!

Ein Mensch erblickt das Licht der Welt –
Doch oft hat sich herausgestellt
Nach manchem trüb verbrachten Jahr,
Daß dies der einzige Lichtblick war.

Versäumte Gelegenheiten

Ein Mensch, der von der Welt bekäme,
Was er ersehnt – wenn er's nur nähme,
Bedenkt die Kosten und sagt nein.
Frau Welt packt also wieder ein.
Der Mensch – nie kriegt er's mehr so billig! –
Nachträglich wär er zahlungswillig.
Frau Welt, noch immer bei Humor,
Legt ihm sogleich was andres vor:
Der Preis ist freilich arg gestiegen;
Der Mensch besinnt sich und läßt's liegen.
Das alte Spiel von Wahl und Qual
Spielt er ein drittes, viertes Mal.
Dann endlich ist er alt und weise
Und böte gerne höchste Preise.
Jedoch, sein Anspruch ist vertan,
Frau Welt, sie bietet nichts mehr an,
Und wenn, dann lauter dumme Sachen,
Die nur der Jugend Freude machen,
Wie Liebe und dergleichen Plunder,
Statt Seelenfrieden mit Burgunder …

Trübe Erfahrung

Als Kind schon wir zu hören kriegen,
Daß wir, wie wir uns betten, liegen.
Doch dann sehn anders wir's verkettet:
Wer richtig liegt, wird gut gebettet.

Lauter Täuschungen

Ein Mensch, noch Neuling auf der Welt,
Das Leben für recht einfach hält.
Dann, schon erfahren, klug er spricht:
So einfach ist die Sache nicht!
Zum Schlusse sieht er wieder klar
Wie einfach es im Grunde war.

Hoffnung

Ein Mensch, am Ende seines Lebens,
Sieht ein, daß der Erfolg des Strebens
Nur dürftig war, an dem gemessen,
Was er versoffen und verfressen.
Sein Wert als Raupe war gering:
Jetzt hofft er auf den Schmetterling!

Rätselhafte Zuversicht

Ein Mensch, der weiß, daß er zum Schluß –
Sit venia verbo – sterben muß
Und daß er, ach, nach wenig Tagen
Maustot und stumm auf seinem Schragen
Als Leichnam daliegt, als ein gelber,
Verhehlt dies peinlich vor sich selber
Und hält – das ist seit Adam erblich –
Sich ausgerechnet für unsterblich.
Millionen starben um ihn her
Durch Krankheit oder Schießgewehr
Und endeten auf tausend Arten
Vorzeitig ihre Lebensfahrten.
Die Welt war beinah schon zertrümmert:
Der Mensch lebt weiter, unbekümmert,
Der Raupe gleich, die frißt und frißt
Und alles ringsherum vergißt,
Bis eines Tags sie ausgefressen –
Dann ist sie ihrerseits vergessen,
Und andre, auch unsterblich-heiter,
Kaun an dem ewigen Undsoweiter.

Zwecklos

Ein Mensch hört gern in Zeit, in trüber,
Den Trost, dies alles geh vorüber.
Doch geht dabei – das ist es eben! –
Vorüber auch sein kurzes Leben …

Das Leben

Das Leben wäre doppelt schwer,
Käm's einfach nicht von selbst daher.
Eh wir recht ahnen, was es sei,
Geht es zum Glück auch selbst vorbei …

Lebensgefühl

Ein Mensch weiß aus sich selbst nicht gleich,
Was heiß und kalt, was hart und weich.
Doch schon bei einiger Bejahrung
Hat er die nötige Erfahrung.
Er lernt dann, oft mit Hilfe Dritter,
Daß Hoffnung süß, Enttäuschung bitter,
Daß Arbeit sauer, Alltag fade,
Kurz, des Geschmackes höhere Grade.
Doch wie schlechthin das Leben schmeckt,
Hat bis zum Tod er nicht entdeckt.

Kunterbunte Kleinigkeiten

Der Mensch, das Leben, die Welt – in zwei Zeilen

Kleinigkeiten

Ein Mensch – das trifft man gar nicht selten –,
Der selbst nichts gilt, läßt auch nichts gelten.

Ein Mensch, der was geschenkt kriegt, denke:
Nichts zahlt man teurer, als Geschenke!

Ein Mensch wollt immer recht behalten:
So kam's vom Haar- zum Schädelspalten!

Ein Mensch erkennt: 's ist auch den Guten
Mehr zuzutraun, als zuzumuten.

Ein Mensch fühlt oft sich wie verwandelt,
Sobald man menschlich ihn behandelt.

Irrtum

Ein Mensch meint, gläubig wie ein Kind,
Daß alle Menschen Menschen sind.

Sonderbar

Am ärgsten fällt der Größenwahn
Oft grad die kleinen Leute an.

Anfälligkeit

Gefallsucht hat, oft über Nacht,
Schon manche Frau zu Fall gebracht.

Geschwülste

Für einen, der geschwollen tut,
Ist Kälte ganz besonders gut.

Auf der Goldwaage

Ein Mensch vergesse eines nicht:
Auch Unwägbares hat Gewicht!

Rat

Schau in die Welt so vielgestaltig,
Sorgfältig, doch nicht sorgenfaltig!

Zwischen den Zeiten

Ein Mensch Vergangenheit bewältigt –
Die Zukunft sich verhundertfältigt!

Kunterbuntes Alphabet

A

Die *A*rbeit macht uns kein Vergnügen,
Wenn wir nur fremden *A*cker pflügen.

Vor *Ä*rger wird der *A*utler grün:
*A*ndauernd rot die *A*mpeln glühn.

*A*tride *A*gamemnon war,
Er führte der *A*chäer Schar.

B

*B*egabung *b*raucht's und *B*ienenfleiß,
Daß *B*argeld man der Welt entreiß.

Der *B*art allein es nicht *b*eweist,
Daß man ganz *b*ar von *B*ürgergeist.

Das *B*itten-Müssen *b*itter ist:
Sei froh, daß du kein *B*ettler bist.

C

*C*harakter – *c*hemisch rein der sei –
Nur: etwas *C*harme sei auch dabei.

Die Spannung wächst – es schweigt der *C*hor:
Zum hohen *C* klimmt der Tenor.

Wer nicht raucht, voll *C*harakter ist –
Wer raucht, ist auch kein schlechtrer *C*hrist.

D

*D*em *d*eutschen *D*ichter *d*roht Terenz
Wie *D*ante noch als Konkurrenz.

Ich kann beim *D*enken und beim *D*ichten
Schwer auf den blauen *D*unst verzichten.

*D*em Glück mißtrau, je länger's *d*auert,
*D*er *D*ämon *d*esto *d*roh'nder lauert.

E

Nur durch das *E e*inander gleichen
Die *E*rlen, *E*schen, *E*iben, *E*ichen.

Manch *E*iner – *e*rnsthaft schwer *e*rklärlich,
Ist reich an *E*hren, doch nicht *e*hrlich.

Dem *E*sau ging, für ein paar Linsen,
Das *E*rstgeburtsrecht in die Binsen.

F

Die *F*reizeit macht die Massen *f*rei –
*F*ür *F*ußball, *F*ernsehn, *F*resserei.

Der *F*ilm zeigt *f*reie *F*rauenzimmer –
Im *F*ernsehn schießen sie *f*ast immer.

Die leise *F*liege den oft stört,
Der kaum den lauten *F*lieger hört.

G

Der *G*eizhals *g*iert nach *G*eld-*G*ewinnung,
Der *G*ammler nährt sich von *G*esinnung.

*G*ewiß kann Schweigen *G*old oft sein,
Doch bringt auch Reden *G*eld herein.

Selbst *g*rößte *G*eister rauchten zwar –
Doch *g*rimmer *G*egner *G*oethe war.

Den *G*reisen *g*rausam wir's verübeln,
Wenn *g*rantelnd sie ins *G*rab sich *g*rübeln.

H

*H*answursten trifft man weit und breit,
*H*umor ist mehr als *H*eiterkeit.

Wer auf den *H*irschen *h*ebt die Büchse,
Läßt *H*asen laufen oder Füchse.

Das *H*eitre *h*ält meist nicht lang vor:
*H*omer *h*at's leichter als *H*umor.

I

*I*llusion welkt heut wie nie:
Am *I*ndus selbst gibt's *I*ndus-Trie.

Den Rhein versau'n die *I*ndustrien –
Rheinländer drum zur *I*sar ziehen.

J

Verschieden lang erscheint ein *J*ahr
Dem *J*üngling und dem *J*ubilar.

Der *J*ugend zur Beherzigung:
Auch *J*ubelgreise waren *j*ung!

Nicht für den *J*uni, *J*uli spar,
Was *j*etzt zu tun, im *J*anuar.

K

*K*affee ist bitter – ich gesteh:
Noch bitterer ist *k*ein *K*affee.

*K*alender *k*riegt man ganze Haufen,
Den, den man braucht, muß man sich *k*aufen.

Es schafft, wer nicht mehr *k*ochen *k*ann,
*K*onserven sich und *K*ühlschrank an.

L

*L*autstärken sind noch nicht Beweise:
Die *L*autersten sind *l*ieber *l*eise.

Die *L*iebeskunst tritt außer Kraft –
Sie ward zur *L*eibes-Wissenschaft.

Vom *L*eumund *l*eicht der *L*eser sieht
Zum *L*öwenmaul den Unterschied.

M

Zur *M*äßigkeit sei stets bereit –
Nur nicht zur *M*ittel*m*äßigkeit.

Im *M*orgenblatt liest *m*an genau:
*M*acht, *M*einung, *M*ord und *M*odenschau.

Der *M*enschen werden's immer *m*ehr –
Wo nimmt *m*an all das *M*itleid her?

N

Ein *N*arr selbst *n*ichts zu sagen wagt –
*N*ur, weil's ein *N*azi schon gesagt.

*N*och bringt in *N*ot uns die *N*atur:
Zahm fahr bei *N*acht und *N*ebel *n*ur.

*N*ett, wenn man *n*ach Gebühr uns preist –
Die *N*achgebühr verdrießt uns meist.

O

Der Nachtbar-*O*ber bringt die Karten –
Die *O*rgien lassen auf sich warten.

*O*ft scheitert an der *O*rdnung schon,
Die fehlt, *O*rganisation.

P

Zur *P*olitik mag sich bequemen
Nur, wer es wagt, *P*artei zu nehmen.

Der *P*egasus im Stalle steht –
Hochtraben will heut kein *P*oet.

Wem *P*olitik nicht *p*aßt, erwägt,
Daß *P*ack sich schlägt und sich verträgt.

Q

Wenn's manchmal auch durch *Q*uatsch gerät –
*Q*uell des Erfolgs bleibt *Q*ualität.

Daß Wahl zur *Q*ual wird, ist bekannt.
Doch *q*uengle nicht als *Q*uerulant!

R

Zwar *r*atlos, aber doch in *R*uh,
Schaun wir der *R*iesen-*R*üstung zu.

Die *R*othaut schlug der Weiße tot –
Zur *R*ache sind jetzt Gelbe *r*ot.

S

Den *S*ex hochspielen? – Kein Gewinn:
*S*elbst *S*innlichkeit verliert den *S*inn.

Kaum *s*ank der *S*ommer, *s*onnenreich –
»*S*auwetter!« *s*chimpft ein jeder gleich.

Sch

Der *Sch*ütz, zum Laden erst ent*sch*lossen,
Hat *sch*on so gut wie *sch*arf ge*sch*ossen.

Die *sch*limmste *Sch*ule ist auf Erden
Doch die: durch *Sch*aden *sch*lau zu werden!

Der *Sch*lauste, wenn genau er's nimmt,
Ist doch ein *Sch*wätzer nur, der *sch*wimmt.

St

Von *St*entor, dem homerischen Helden,

Ist nur der *St*imme Kraft zu melden.

*St*att daß den Freund man warm sich halt',
*St*ellt man aus *st*urem *St*olz ihn kalt.

T

*T*rug ist nur selten der Humor –
Den *T*iefsinn *t*äuscht man leichter vor.

Die *T*echnik *t*äuscht uns vor: Genuß!
Und macht uns nur zum *T*antalus.

Vor *T*roja lag Odysseus wach:
Was macht daheim mein *T*elemach?

U

Die *U*ngeduld oft *U*nheil schafft,
Auch *U*nmut trübt die *U*rteilskraft.

Von *U*SA lern jeder gern –
Doch manchem *U*nfug bleib er fern.

Der *U*nmensch, jeder *U*rteilskraft bar,
Macht *u*ns nur für sein *U*nglück haftbar.

V

*V*ielweiberei ist jetzt modern –
Frau *V*enus bleibt dem Treiben fern.

An *V*or-*V*erstorbnen kannst du's messen:
So *v*öllig sinkst du ins *V*ergessen.

*V*orfreude oft genügen muß:
*V*ielleicht kommt's nie zum *V*ollgenuß.

W

Selbst alten *W*eisen wird nicht klar,
Ob just ihr *W*eg der rechte war.

Kommt *W*issenschaft je überein:
*W*as *w*ollte *w*ohl der *W*allenstein?

Ein *W*agnis *w*ar's in *w*üsten Jahren,
Die *w*eiße *W*este sich zu *w*ahren.

X

Der *X*aver ist ein fleißiger Sohn:
Brav liest er seinen *X*enophon.

Ist *X*anten auch ein braver Ort –
*X*anthippen gibt es wohl auch dort.

*X*anthippe selbst, die böse He*x*,
Wird aufgewertet heut durch Se*x*.

XY

Als »unbekannt« macht' immer schon
Mir Qual das »*X* + *Y*«!

Recht rar sind *Y*psilon und *X* –
Du findest beide noch im St*yx*.

Y

Das *Y*psilon mich arg verdroß,
Seit man vor *Y*pern auf mich schoß.

Vom *Y*psilon sind wir fast frei –
Nur, leider, gibt's noch T*y*rannei!

Z

Was nützte wohl die *Z*igarette
Dem Raucher, der kein *Z*ündholz hätte.

Selbst *Z*eiss hat Hilfe nicht bereit,
Siehst du die *Z*eichen nicht der *Z*eit.

Dumm ist's, im ersten *Z*orn *z*u prahlen –
*Z*uletzt muß man die *Z*eche *z*ahlen.

Inhalt
in alphabetischer Reihenfolge